TDAH
EN EL ADULTO

DR. JUNCAL SEVILLA

TDAH
EN EL ADULTO

La respuesta a todas tus preguntas

AGUILAR

Papel certificado por el Forest Stewardship Council®

MIXTO
Papel | Apoyando la
silvicultura responsable
FSC
www.fsc.org   FSC® C117695

Penguin
Random House
Grupo Editorial

Primera edición: septiembre de 2025

Printed in Spain – Impreso en España

ISBN: 978-84-03-52614-3
Depósito legal: B-11.968-2025

Compuesto en Mirakel Studio, S. L. U.

Impreso en Black Print CPI Ibérica
Sant Andreu de la Barca (Barcelona)

AG 26143

*Este libro está dedicado a todos y
cada uno de los pacientes que han pasado por
mi consulta en algún momento de mi vida.
A sus familiares, amigos y allegados.
Sin vosotros, no sería la psiquiatra que soy ahora.
Me habéis enseñado todo.
Gracias por vuestra confianza.*

*Y, por supuesto, a todos los que han
sido mis compañeros, colegas de profesión
y jefes a lo largo de estos años.*

*Gracias por aguantar estoicamente
mi obsesión por el TDAH.*

A los y las...

... empanados de este planeta.
... que mañana se ponen.
... que son muy nerviosos.
... que no se enteran ni del clima.
... que siempre están llegando.
... que pierden hasta la cabeza.
... que siempre dicen la verdad.
... que son ordenados en su desorden.

A mis hijos. Mis pilares.
A mis padres. Mis orígenes.
A mis amigos. Mis redes en los saltos al vacío.
A Nacho. Te dije que escribiría un libro.
A Casandra, Lolo y Leo.
Vuestros ojos nunca mienten.

A los irredentos, disruptivos,
excéntricos e incomprendidos.

Dios Todopoderoso, Tú has creado el cuerpo humano con infinita sabiduría. Tú has combinado en él diez mil veces diez mil órganos que actúan sin cesar y armoniosamente para preservar el todo en su belleza: el cuerpo que es envoltura del alma inmortal. [...] *Concédeme que mis pacientes tengan confianza en mí y en mi arte y sigan mis prescripciones y mi consejo. Aleja de su lado a los charlatanes y a la multitud de los parientes oficiosos y sabelotodo, gente cruel que con arrogancia echa a perder los mejores propósitos de nuestro arte y a menudo lleva a la muerte a Tus criaturas.* [...] Haz que sea modesto en todo excepto en el deseo de conocer el arte de mi profesión. No permitas que me engañe el pensamiento de que ya sé bastante. Por el contrario, concédeme la fuerza, la alegría y la ambición de saber más cada día. Pues el arte es inacabable, y la mente del hombre siempre puede crecer.

Extraído de la *Oración diaria del médico*,
atribuida a Moses Maimónides,
médico judío. Córdoba, s. XII

Índice

Prólogo a esta edición

Hace dos años por estas fechas terminaba de escribir este libro. Nadie me pidió hacerlo. Nadie me puso una fecha límite para terminarlo. Fui yo misma la que me *autoimpuse* hacerlo y terminarlo en una fecha concreta. ¿Las razones? *A priori*, el motivo principal y la idea original eran crear un libro que, escrito de forma amena y breve pero a la vez rigurosa, ayudara a entender lo que es realmente el Trastorno por Déficit de Atención e Hiperactividad en el mundo del adulto.

Durante todos estos años en los que he acompañado a tantas personas, nunca he podido recomendarles más allá de uno o dos libros traducidos al castellano y escritos específicamente para esta etapa de la vida. Por eso pensé —o, mejor dicho, me sentí en la obligación como profesional— de crearlo yo misma.

Fue una necesidad, casi una obligación *ética*, transmitir el conocimiento acumulado durante años, no solo para las propias personas con TDAH, sino para todo su entorno y la sociedad en general.

Nunca me planteé el hecho de que el libro no tuviera éxito, no se vendiera, no gustara o no cumpliera el propósito para el que fue concebido. Tampoco me paré a pensar en ningún momento si con sus ventas aumentarían mis ingresos o no. Y, por supuesto, nunca consideré la posibilidad de que no gustara en ninguna editorial y no se publicara. Sencillamente lo escribí sin pensar en el futuro. Y, una vez terminado, no me senté a esperar a que alguien lo leyera o lo quisiera publicar. Por eso opté por la autoedición, dentro del sello de una gran editorial, dedicado exclusivamente a los autores que deciden invertir ellos mismos su dinero en la publicación de sus libros.

Invertí un dinero que ni siquiera sabía si en algún momento recuperaría. Pero eso tampoco fue algo que meditara o me preocupara. Mi único anhelo era que el libro llegara cuanto antes a las personas que lo necesitaban. Ese fue mi objetivo desde que lo empecé a escribir hasta que lo terminé.

Dos años después, he recibido cientos de mensajes de agradecimiento de personas a las que les ha ayudado a entender lo que les ocurre, lo han regalado entre amigos, familiares y recomendado por compañeros para sus pacientes y familiares. Ha cumplido con creces unas expectativas que nunca deposité en él e incluso me ha sorprendido con un premio en los Latino Book Awards 2024.

La mayoría de las personas con TDAH que lo leen me dicen que se sienten totalmente identificadas con sus párrafos o con la vida de Teresa, que sienten como si lo hubiera escrito alguien que conoce a la perfección lo que significa vivir con TDAH siendo un adulto.

Pues bien, cuando al principio te he contado las razones que me llevaron a escribir este libro, lo que no te dicho es que una de ellas también fue demostrar *al mundo* que podía hacerlo. Porque la *verdad verdadera* es que está escrito por una adulta con TDAH y, según algunos test del colegio, con una inteligencia por encima de la media, pero que nunca parecía esforzarse lo suficiente, aunque tenía las ideas más peregrinas y los sueños más disruptivos. Y esa adulta es la autora de este libro. La misma que está escribiendo estas líneas. Una adulta que nunca supo que era neurodivergente hasta los cuarenta y cinco años, pero que siempre pensó que era rara, diferente y que llevaba toda su vida creyendo que quizá tuvo algún tipo de retraso no identificado en la infancia. Una adulta que lleva grabado a fuego que el trabajo y la perseverancia suplen la inteligencia. Que desde pequeña sacaba buenas notas estudiando la noche de antes, pero que no se enteraba de nada en las clases de mates ni era capaz de coger sus propios apuntes, pero que ha sudado sangre para conseguir sus metas y sigue usando papel y bolis de colores para organizar sus ideas. Una adulta que decidió ser psiquiatra con dieciséis años para poder entenderse a sí misma algún día y poder entender a los demás en un mundo donde parecía no haber un sitio para ella. Demasiado empática, demasiado emocional, demasiado todo. Para lo bueno y para lo malo. Una niña que se aburría y necesitaba saber, que se cansaba pronto de todo. Con una timidez patológica que un buen día superó cuando descubrió su pasión y que ahora no se calla ni dormida. Una adulta que, desde una autoexigencia que gobierna su vida y con la autocrítica siempre dispuesta a encontrar el más pequeño error, ha conseguido cosas que nunca se propuso, pero que la han llevado a no poderse bajar del *más difícil todavía*. Que puede pasar horas escribiendo libros mientras se olvida de que el arroz está en el fuego y que sigue luchando contra el tiempo, porque este siempre será algo relativo en su vida. Una psiquiatra que empezó a diagnosticar y tratar el TDAH en adultos cuando ni siquiera sabía que ella era una más de «la tribu», pero que por alguna razón los entendía, sabía ayudarlos y acabó convirtiéndose en su *chamana* oficial. Una psiquiatra, mujer y madre que se reconcilió con ella misma y con el mundo cuando todo encajó. Y que hoy está escribiendo estas líneas y ha podido sacar todo su potencial gracias a que un día se le ocurrió la peregrina idea de *probar* la medicación por arte de magia, y consiguió plasmar en un papel la maraña de ideas que tenía en su cabeza.

Mayo de 2025

Introducción

Decir que una persona, ya sea un niño o un adulto, tiene un trastorno por déficit de atención e hiperactividad es lo mismo que afirmar que:

- Sus *funciones ejecutivas* no «funcionan» adecuadamente.
- Tiene una severa falta de motivación.
- No puede autorregular sus emociones.

Tan simple y grave como eso.
Porque es lo mismo que asegurar que tiene una severa dificultad para conseguir objetivos en la vida.

Y la afectación neurológica en estas áreas va a traducirse en una serie de síntomas que son los que se ven y a través de los cuales los clínicos podemos llegar al diagnóstico.

Desde hace años se habla de que el TDAH es un invento que hemos creado en la sociedad moderna donde estamos sujetos a horarios y a métodos académicos que son incompatibles con la naturaleza humana. Que es imposible que un niño, por muy normal que sea, aguante sentado toda una mañana en su clase.

Que ahora todo el mundo tiene TDAH…

Alguna vez he leído o escuchado que las personas con TDAH sobrevivirían mejor en un entorno menos encorsetado, más flexible de horarios o donde pudieran vivir con más libertad o en otros sistemas académicos. Aunque esto es extensible también al resto de la población. Pero no os engañéis; la realidad es mucho más cruda.

La diferencia es que una persona con TDAH está en desigualdad de condiciones. Se encuentre donde se encuentre.

Otra cosa es que el entorno y las condiciones en el que se desarrolle y crezca hagan que su genética se exprese en mayor o menor medida. Y eso lo determinan todas y cada una de las variables que rodean a una persona a lo largo de su vida.

En la evolución de la especie, los humanos hemos ido escalando posiciones hasta ser la especie «superior». El fenómeno conocido como «encefalización» o formación del cerebro no es exclusivo de los humanos, pero sí lo es el hecho de ser conscientes de nosotros mismos y poder pensar y reflexionar acerca de ello.

La adquisición de la consciencia de nosotros mismos y de nuestros procesos mentales es lo que nos diferencia del resto de las especies junto con el desarrollo del lenguaje.

El hecho de saber que sabemos; eso es la autoconsciencia. Poder pensar sobre nuestros pensamientos es la metacognición, que suena a superpoder de Marvel, pero que es la fuente de nuestras rayaduras, «comeduras de cabeza» o reflexiones. Además, ser capaces de comunicarnos mediante el lenguaje hablado o escrito nos ha permitido construir civilizaciones y avanzar por delante de cualquier otro ser del planeta.

Y el haber alcanzado este triunfo evolutivo se debe a una característica única en nuestra especie: la plasticidad neuronal. Es decir que nuestro cerebro mantiene la capacidad de remodelarse hasta el último de nuestros días. Continuamente, se abren nuevas conexiones y se reescriben caminos entre nuestras neuronas.

En los chimpancés, que solo se diferencian en un 4 % genéticamente de los humanos, esta capacidad se pierde cuando alcanzan la edad joven. A partir de ese momento, su cerebro se queda como está para el resto de su vida.

Por esta fascinante capacidad de nuestro cerebro, los humanos hemos desarrollado lo que llamamos *funciones ejecutivas*, que son todos y cada uno de los recursos que posee nuestro cerebro para poder lograr objetivos utilizando funciones tan variadas como la memoria, las emociones o la información que recibe a cada instante.

Si se encuentran afectadas por la causa que sea, una persona nunca estará en igualdad de condiciones respecto a los que la rodean para alcanzar cualquier meta en la vida.

Pero, asimismo, por lógica, para lograr nuestros objetivos debemos querer alcanzarlos.

Se han de desear, porque, si no, nunca lucharemos por llegar a ellos o lo haremos a medio gas. Es decir, hay que estar «motivado»; y esta motivación suele tener como origen la necesidad.

Por último, es preciso controlar nuestras emociones y reacciones.

Lo que experimentas en cada momento no puede interferir en que consigas tus metas. Precisamos autorregularnos para no dejarnos llevar por lo que sentimos.

Nuestra supervivencia, a diferencia de otras especies y de forma semejante a nuestros primos más cercanos, no se basa en la fuerza física o en un metabolismo de bajo consumo, sino en nuestras capacidades mentales. En cómo nos relacionamos con nuestro entorno según la información que captamos y cómo la utilizamos.

Por eso, los chimpancés se dedican a contemplar durante horas desde lo alto de los árboles las conductas de sus vecinos y actúan de acuerdo con ello. Nunca se les ocurriría bajar a beber agua a las horas que han observado día tras día, y minuto a minuto, que los cocodrilos salen a pasear.

¿Qué ocurriría si no pudieran estar atentos a lo que hacen los cocodrilos porque se encuentran pensando en otras cosas sin darse cuenta?

¿Y si nunca «les apeteciera» bajarse del árbol para beber mientras el resto de su manada descendiera todos los días de modo natural? ¿Y si, aunque vieran lo que hacen los cocodrilos, no pudieran mantener esa información es su mente y se les olvidara una y otra vez?…

¿Te imaginas qué pasaría si el chimpancé fuera a beber agua impulsivamente por el mero hecho de tener sed?

Además, en la selva, andar de manera sigilosa es un plus. Puedes no estar atento a lo que ocurre a tu alrededor y ser una presa fácil.

Pero si incluso vas moviéndote sin cuidado, haciendo ruidos y montando bulla, lo más probable es que atraigas la atención de muchos más enemigos. Y eso por no hablar del peligro que supondrías para tu manada, por lo que expulsarte de ella sería lo más comprensible.

Todas estas situaciones que nos parecen evidentes en la selva son trasladables a nuestro mundo y a nuestra sociedad. Vamos, que en la selva durarías dos minutos. Estarías muerto a la primera de cambio. Jugarías en desventaja y nunca podrías competir con tus iguales en la carrera por la supervivencia. Y encima te desterrarían sin miramientos.

Pero ¿y si, incluso, de regalo evolutivo tuvieras consciencia de estas circunstancias y pudieras pensar y darle vueltas al asunto sin saber por qué te ocurren ni cómo remediarlas? ¿Te suena?

Antes de empezar con este libro vamos a ver un ejemplo muy sencillo que nos va a ayudar a entender qué es el trastorno por déficit de atención e hiperactividad.

Cuando hablamos de objetivos, parece que siempre se nos vienen a la cabeza esos «grandes objetivos» como aprobar un examen o llegar a obtener el puesto de trabajo que deseamos. Pero, para lograrlos, en realidad, antes tenemos que haber ido consiguiendo pequeños *microobjetivos*.

Imagina que estás una tarde tumbado en tu sofá y empiezas a sentir sed. Te apetece muchísimo un vasito de agua helada de la nevera.

Parece una obviedad, pero tienen que darse una serie de circunstancias para la consecución de ese pequeño objetivo. Primera —y fundamental—:

1. Querer ese objetivo. «Desearlo».

   Estar motivado a alcanzarlo. Difícilmente, vas a comenzar a mover un solo dedo si no tienes interés, aunque sea ir a la nevera a por un vaso de agua. Puedes estar muriéndote de sed y ser muy consciente de que te encantaría beberte ese vaso de agua fresca, pero, si tu cerebro no genera las ganas de ir a por él, probablemente, no vayas nunca. Aunque acabas yendo.

   Una vez que has iniciado la acción que te lleva a conseguir ese objetivo vas a necesitar todo lo siguiente:

2. Mantenerte atento a lo que sucede a tu alrededor y que tu mente no ande perdida en pensamientos que te distraigan.

   No puedes perder de vista el objetivo. Si de camino a la nevera te desvías porque has visto que tu gato no tiene agua o empiezas a pensar en la lista de la compra, tienes menos posibilidades de llegar a la cocina.

3. Ir andando de modo tranquilo y consciente de hacia dónde diriges tus pasos.

   Si sales corriendo o saltando hacia la nevera, corres el riesgo de caerte, darte un golpe o tropezarte con cualquier persona o cosa que te encuentres por el camino.

4. Gestionar tus emociones y controlar los impulsos.
Si una vez que llegas a la nevera, te encuentras la
botella de agua vacía, puede que una tremenda sensación de frustración e ira te invada y pienses que no
ha merecido la pena el esfuerzo que has realizado. Esto
puede hacer que te des la vuelta y abandones tu propósito de beberte un vaso de agua fresca. Y no solamente eso, sino que, además, quizá comiences a gri-
tarte a ti mismo y a culpabilizarte por no haberte
acordado o no haber sido capaz de llenar tu botella la
última vez que tú mismo la vaciaste. O si vives con
alguien, puede ocurrir que le preguntes de manera
desairada por qué no llenó la botella la última vez que
la usó.

Muchas veces en la vida, el camino hacia un objetivo está lleno de dificultades, ante las cuales tenemos
que poder gestionar nuestras emociones y sobreponer-
nos a ellas.

Si cuando llegas a la nevera eres capaz de sobreponerte
a la frustración que te genera esa botella vacía, la llenas, la
vuelves a meter y esperas a que se enfríe mientras vas sacian-
do tu sed con agua del grifo, habrás logrado gestionar tus
emociones con la finalidad de obtener ese ansiado vaso de
agua helada, aunque no sea en ese preciso instante que lo
deseabas.

Sin embargo, cuando te das la vuelta y abandonas frustrado e invadido por el enfado y la ira, entonces nunca te bebe-
rás ese vasito de agua helada.

—Salvo… que alguien haga ese trabajo por ti y después te lleve el vaso al sofá—.

Y no solo eso, sino que pensarás que todo tu esfuerzo de ir a la cocina no ha servido de nada.

Y si esta situación se repite a diario, finalmente, abandonarás tu deseo de beber agua helada y te conformarás con el agua templada del grifo. Es más, puede que incluso te convenzas a ti mismo de que el agua fría de la nevera ni siquiera te gusta.

Pero ¿cómo te quedarías si te dijera que eres tú el que una y otra vez deja la botella vacía, aunque siempre que la acabas te propones llenarla, pero nunca lo haces y ni siquiera te acuerdas?

¿Y si el tiempo que ha pasado desde que te has levantado del sofá hasta que has ido a la cocina ha sido de dos horas, pero a ti te han parecido dos minutos porque te has parado «un momento» a buscar algo en tu bolso?

Y aún peor: ¿y si las personas que conviven contigo te reprochan a diario toda esta secuencia y tu casa se convierte en un campo de batalla?

¿Reconocerías siempre que se te olvidó a ti o terminarías mintiendo por vergüenza o miedo al reproche? ¿Aceptarías que esto es un problema que tienes y pondrías algún recordatorio o alarma para que te ayudara?

¿Y si con el tiempo te sintieras tan mal por esta cuestión que empezaras a sentirte nervioso o angustiado cuando alguien de tu casa abriera la nevera en busca de agua fría?

¿Y si descubrieras que comiendo donuts o fumando marihuana al menos no te sientes tan angustiado?

Querid@s amig@s que ahora mismo estáis leyendo estas páginas: esto es el trastorno por déficit de atención e hiperactividad.

La sociedad actual sigue siendo una selva. Elegante y sofisticada. Cruel y descarnada. Donde solo *los que pueden* sobreviven. Porque, por querer, todos queremos vivir. Otra cosa es poder.

PRIMERA PARTE

TOMANDO
CONCIENCIA

1

¿Por dónde empezamos?

La falta de datos invita siempre al peligro.

MR. SPOCK, *Star Trek* (1968)

Este libro está escrito con un objetivo
fundamental: ayudar mediante el conocimiento.

El trastorno por déficit de atención e hiperactividad ha suscitado históricamente un debate y una discusión que no dejan indiferente a nadie.

No solo en el ámbito médico o académico, sino en la propia sociedad.

¿Por qué unos lo defienden acaloradamente y otros se niegan en redondo a aceptar su propia existencia?

¿Qué tiene el TDAH que genera tanta polémica y tanta escisión en los sectores sanitarios, educativos y sociales?

La única garantía con la que cuenta el ser humano para poder tomar sus propias decisiones libremente es disponer de información veraz y contrastada.

Cuando necesitas tomar una decisión, del tipo que sea, siempre pides que te informen. Buscas en Google todo lo referente al tema que te preocupa. Ahora tenemos inteligencias artificiales, el ChatGPT que hasta podría haber escrito este libro en menos de una hora. Llamas a tu familia o amigos y les preguntas o les pides consejo. Miras tutoriales de You-Tube.

En definitiva, buscas información para decidir lo más acertadamente posible respecto a un tema que te interesa.

Sin embargo, hoy en día el exceso de información disponible a nuestro alcance es de tal calibre que lo que se produce es un fenómeno conocido como ruido; ruido que puede llegar a ser atronador.

Vivimos en la era de la información, no obstante, también de la desinformación. Una noticia se convierte en *trending topic* en décimas de segundo y da la vuelta al mundo.

No importa que sea un bulo y luego se demuestre. Da igual que no sepamos de qué fuente ha partido o las repercusiones que pueda tener en diferentes sectores de la población.

La mayoría de las veces todos estos factores no se tienen en cuenta cuando retuiteamos o compartimos las noticias que nos parecen interesantes.

Este hecho es especialmente dramático cuando tiene que ver con cuestiones de salud. Y más si son de salud mental o, sobre todo, atañen a nuestros niños y adolescentes.

No obstante, si nadie lo remedia, hablar y emitir juicios de valor es gratis. No en vano vivimos en una sociedad donde la libertad de expresión es un derecho fundamental. Así pues, haciendo uso de este derecho y desde el aval que me ofrece el conocimiento adquirido, el estudio y fundamentalmente la experiencia clínica de años conociendo y tratando a personas afectadas por un trastorno que no existe, me he tomado la libertad de escribir este pequeño libro. Si para cuando lo acabes has comprendido cuestiones esenciales de la medicina y concretamente del trastorno por déficit de atención e hiperactividad —más conocido como TDAH— como para poder sacar tus propias conclusiones o, incluso, tomar tus propias decisiones, entonces este libro habrá cumplido su objetivo.

A través de sus páginas quiero invitarte a reflexionar, a hacerte preguntas, a mirar lo que conoces desde otra perspectiva. A que valores por ti mismo y no por lo que hayas oído o te hayan contado si el TDAH es o no un tema que es necesario conocer. A querer saber más, a cuestionar, a dudar.

En definitiva, deseo motivarte a pensar.

Porque el propio libro está escrito desde la reflexión y la voluntad de ir más allá. Desde el querer y necesitar entender.

Pero, además, está escrito para cualquier persona normal, que lleve una vida normal, que tenga una familia normal y un trabajo dentro de lo normal.

Es decir, probablemente está escrito para ti. Para tu familia. Para tus compañeros de colegio y de trabajo. Para tus vecinos...

Es un libro que cualquier persona va a precisar leer en algún instante de su vida por la repercusión que tiene este trastorno a lo largo y ancho de este planeta. Tras concluirlo, podrás juzgar por ti mismo si es necesario o no conocer realmente a lo que nos estamos refiriendo cuando hablamos de TDAH y si, aunque solo sea por las cifras que se manejan, es probable o no que vaya a pasarte de cerca en algún momento de tu vida. Aunque te parezca increíble.

Estas son las cifras…

Se estima que el trastorno por déficit de atención e hiperactividad es el trastorno del neurodesarrollo más prevalente en la infancia y que afecta hasta a un 5 % de la población infantil y adolescente.

A la luz de las últimas investigaciones científicas, en el año 2020, la prevalencia del TDAH en adultos oscilaba entre un 2,58 % y un 6,76 % de la población mundial, dependiendo de si los síntomas se habían presentado desde la infancia o habían comenzado a manifestarse a lo largo de la vida adulta de una persona (1).[1] Estos porcentajes pueden no decirte nada, pero es lo mismo que asegurar que el TDAH afecta como mínimo a 139,84 millones de personas en todo el mundo que ya tuvieron los síntomas desde su infancia. Y si tomamos los datos que recogen la presencia de los síntomas en adultos sin que estos se hayan podido objetivar o se hayan manifestado en la infancia, los números nos llevan a la cifra de 366,33 millones de adultos afectados en todo el mundo.

---

[1] La prevalencia es un concepto epidemiológico que describe la proporción de una población que presenta una enfermedad en un momento determinado.

Las tasas de fracaso académico, enfermedad mental, adicciones, muerte por accidente, violencia, divorcios o cumplimiento de pena en prisión asociados al TDAH, entre otras complicaciones, son apabullantes.

Estos números suponen un impacto social, económico y sanitario tanto en costes directos como indirectos de los que todavía hoy no somos conscientes desde ningún ámbito, empezando por el propio colectivo médico.

Por desgracia, en la actualidad, cuando hablamos de trastorno por déficit de atención e hiperactividad, pensamos en un niño varón «muy movido y revoltoso» que sentará la cabeza con la edad o al que sus padres no han sabido educar.

Y estas son algunas reflexiones personales...

A estas alturas de mi profesión hay cuatro cuestiones que tengo muy claras y que quiero compartir contigo.

1. No puede ser fruto de la casualidad que haya tantas personas que presenten los mismos síntomas.

Y que la vida las haya llevado por caminos tan semejantes que se parezcan como dos gotas de agua sin que aparentemente exista un nexo común entre ellas. Otra cosa es que todavía no tengamos claro cuál es ese nexo.

Le podemos llamar TDAH o disfunción cerebral mínima, como se le denominó en el siglo XIX, pero la realidad imperante es que las personas afectadas se sientan a diario en nuestras consultas y sufren una merma tanto en su salud física como mental.

2. Desde que el mundo es mundo, han existido personas perezosas, arriesgadas, vagas, orgullosas, coléricas, valientes, promiscuas, despistadas, glotonas, mentirosas o impetuosas.

Todos hemos crecido con frases como «te falta un hervor», «si no vales para estudiar, te pones a trabajar», «eres un negado», «no tienes dos dedos de frente», «un día pierdes hasta la cabeza». En el mundo hay gente que va de frente y te dice lo que piensa. Quienes actúan sin pensar. Superdotados que suspenden. Gente que te monta «pollos» sin venir a cuento. Personas que no paran de trabajar si les apasiona lo que hacen. Gente que no se entera. Personas que te gritan y luego se arrepienten. Gente que se bebe el Ebro. Gente que no vale para estudiar. Que tiene mucho vicio. «Cabezota». En este mundo hay gente para todo.

En esta sociedad existe la neurodiversidad. Y aunque los neurotípicos, como su nombre indica, son mayoría, también hay una población neuroatípica, entre la que se incluyen las personas con TDAH, autismo, superdotados y otras *rara avis* más.

El hecho de que todavía desconozcamos el origen de muchas de las conductas humanas y las cataloguemos bajo la norma social, cultural o religiosa no significa que las tengamos que asumir automáticamente como negativas.

No es que ahora haya más personas con TDAH o que todo el mundo tenga TDAH. Lo que ocurre es que empezamos a entender que muchos de los que han visto truncadas sus vidas por desgracias varias han sufrido problemas neurológicos que les han impedido adaptarse a lo que les tocaba.

Los adjetivos definen las cualidades de las personas, los animales o las cosas. No obstante, para poder describir a algo o a alguien, primero tiene que existir.

Si nunca hubieran existido personas perezosas, probablemente, jamás se hubiera descrito la pereza como uno de los siete pecados capitales. Primero aparece el hombre y luego al hombre le pasan cosas. Y eso que le sucede es mejor o peor según la época que le toca vivir y los descubrimientos y los avances de la propia sociedad. En la Edad Media quemamos en la hoguera a miles de mujeres con sus gatos y sus escobas. Las acusamos de brujas y hechiceras. La mujer ha practicado la medicina usando remedios naturales desde el inicio de las civilizaciones. Sin embargo, con la creación de las universidades, el saber médico pasó a ser monopolio de los hombres. Los gatos se comen a las ratas. Las ratas transmiten enfermedades. Algunas tan graves como la peste bubónica que arrasó Europa por aquel entonces. Las escobas sirven para limpiar estancias.

Las brujas eran mujeres que practicaban artes curativas, bastante limpias en general y con vastos conocimientos en medicina y remedios naturales.

Yo tengo un gato, uno de mis artilugios favoritos es la aspiradora sin cable y administro a mis pacientes remedios y pócimas altamente cuestionados, pero, gracias a los cuales, muchos de ellos se curan de la pereza, la gula o la soberbia.

En el siglo XVI, mi gato Leopoldo, mi aspiradora sin cable y yo misma ya habríamos ardido en la hoguera. Irremediablemente.

> 3. Las investigaciones y el conocimiento en neurociencia a lo largo y ancho de este planeta han ido muy deprisa en la última década.

La neuroimagen funcional o los avances en genética, entre otros campos, que en la actualidad permiten a los investigadores analizar los mecanismos más íntimos de nuestro cerebro, han avanzado a pasos agigantados. Incluso dedicándote de forma exclusiva al estudio de una patología, es difícil seguir todas las investigaciones publicadas a diario.

Por eso, el desfase entre la investigación científica y el conocimiento que tiene la sociedad sobre el TDAH es de tal calibre que no es de extrañar que nos siga pareciendo de lo más normal pensar que la úlcera de estómago se produce por estrés (2).[2] El uso de técnicas de neuroimagen funcional, como la tomografía computarizada por emisión de fotón único (SPECT), nos posibilita visualizar las diferencias en tiempo real existentes entre el cerebro de personas adultas diagnosticadas clínicamente de TDAH y personas sanas (3).

---

[2] En 1979, se descubrió que la bacteria *Helicobacter pylori* es la causante de la úlcera de estómago y no el estrés como se pensaba anteriormente.

En este punto quiero decirte que el cuerpo científico de artículos publicados de investigación sobre el TDAH es inmenso, pero yo solo he referenciado algunos de los más recientes en cada capítulo.

4. Un gran sector de la psiquiatría y la psicología continúa anclado en enfoques ortodoxos y radicales.

En el club donde aprendo boxeo hay un lema que reza así: «Caerse está permitido, levantarse es una obligación». En medicina, puedes desconocer algo, dado que el saber es inmenso, pero lo que no puedes es oponerte a la evidencia científica sin argumentos sólidos.

Y mucho menos puedes ni debes negarte a aprender o a cambiar cuantas veces haga falta el enfoque diagnóstico o terapéutico, pues el daño que generas a tus pacientes y sus familias es irreparable.

Si has llegado hasta aquí y quieres continuar la lectura de este libro, abre tu mente y olvídate de los prejuicios que puedas tener o te hayan contado sobre el TDAH.
A lo largo de sus páginas vamos a ir desmontando bulos, falsas creencias y comprendiendo paso a paso.

2

Antes de nada, reflexionar

Acerca de la enfermedad que llaman sagrada... En nada me parece que sea algo más divino ni más sagrado que las otras... Pero su fundamento y causa natural lo consideraron los hombres como una cosa divina por su ignorancia y su asombro... Pero si por su incapacidad de comprenderla le conservan ese carácter divino, por la banalidad del método de curación con el que la tratan vienen a negarlo...

HIPÓCRATES, *Sobre la enfermedad sagrada*[3]

«En medicina no existen enfermedades, sino enfermos».

---

[3] La enfermedad sagrada es lo que hoy en día conocemos como epilepsia.

Esta frase se le atribuye históricamente a Hipócrates de Cos (460 a. C. - 377 a. C.), médico griego considerado como el padre de la medicina.

La figura de Hipócrates supone un punto de inflexión histórico en la práctica médica, ya que destierra la idea de enfermedad como castigo divino e instaura el pensamiento racional y libre de interpretaciones sobrenaturales o religiosas.

Entender la enfermedad como un desequilibrio dentro del organismo humano y no como un castigo divino o una maldición supone liberar de la culpa a las personas enfermas entendiéndolas como lo que son, enfermos y no pecadores.

Las personas somos únicas y sufrimos la enfermedad de maneras distintas en función de nuestras circunstancias individuales.

Una enfermedad no es un castigo. Nadie la busca voluntariamente.

Y, sobre todo, nunca se la espera.

Quizá estarás pensando que desde Hipócrates ha llovido mucho, pero respecto al tema que nos ocupa, todas las personas que convivimos a diario con el TDAH, por unas razones o por otras, deberíamos pararnos a reflexionar.

Porque en algunos aspectos, la evolución que ha seguido la medicina en los últimos siglos nos aleja de su concepción original como un saber fundamentado en el alivio y la ayuda a nuestros pacientes.

Los principios *bonus facere* o principio de beneficencia y *primum non nocere* o principio de no maleficencia ya fueron acuñados por Hipócrates según el pensamiento ético desarrollado por su contemporáneo y paisano, el filósofo griego Sócrates (Atenas, 470 a. C. - 399 a. C.) considerado hasta nuestros días como el padre de la ética.

Lo primero es aliviar a nuestros pacientes, pero en el caso de no poder hacerlo, entonces nos centraremos, al menos, en no dañarlos. En el TDAH, estos principios son tan aplicables en la actualidad que, aunque hayamos avanzado años luz en nuestros conocimientos, muchos de nosotros seguimos sin ejercer nuestra profesión desde su esencia original.

¿Quién no ha oído en boca de algún médico frases como «eso le pasa a cualquiera» o «no puedes tener TDAH si has hecho una carrera»?

Si tú o alguno de los miembros de tu familia padecéis el trastorno, no hace falta que os explique el dolor y la impotencia que se siente al escuchar estas palabras de quien, al menos, si no te puede ayudar, no te debe dañar.

Por todo ello, tal vez cuando nos preguntamos si existe el TDAH es posible que no estemos formulando la pregunta adecuada.

A mi modo de ver, cómo planteamos la cuestión nos dificulta desde el principio entender el asunto en sí.

Muchas veces en la vida, el problema es que no formulamos los interrogantes adecuados. Por eso nunca encontramos las respuestas apropiadas.

¿Alguna vez os habéis parado a pensar que la pregunta podría ser: existen las personas con TDAH? Dicho de otra manera, ¿hay personas en este mundo que tienen TDAH?

Hasta aquí hemos planteado dos cuestiones:

- Que, en realidad, no hay enfermedades, sino personas que enferman.
- Que, si hablamos de un trastorno o enfermedad, no tiene ningún sentido pensar en ella en términos de culpabilidad, pecado, delito o mala educación.

Pues bien, vamos a darle otra vuelta de tuerca más a estos razonamientos y sumemos una tercera reflexión…

¿Alguna vez te has parado a pensar que lo que ocurre con el trastorno por déficit de atención e hiperactividad es un fenómeno extrañísimo desde el punto de vista médico y social?

¿No crees que tiene que haber alguna explicación que aún no hemos encontrado para que esto genere tanto debate y discusión como para polarizar sectores de la sociedad y de la mismísima profesión médica?

¿En qué momento has escuchado cuestionar de cualquier otra enfermedad o patología el hecho tan básico como su propia existencia?

Porque puede haber debate sobre si una enfermedad se trata de un modo u otro; si han aumentado o disminuido las cifras en la población; incluso si el origen antes era A, pero ahora resulta que se ha descubierto que es B.

¿¿¡¡Pero si existe o no!!??

Hasta para los profesionales que nos dedicamos a trabajar con personas que padecen TDAH es complicadísimo muchas veces entender y aceptar que las conductas de nuestros pacientes son realmente síntomas de la propia patología. Imagínate si ya lo tenemos que explicar o justificar.

Es una entidad neurológica que, en función de los escenarios en los que actúen sus síntomas, estos se van convirtiendo en una cosa o en otra. Una especie de camaleón dentro de la psiquiatría. Curioso, ¿verdad?

Te propongo que lo pienses desde esta perspectiva:

– Si los pasamos por el filtro social, serán un compendio de faltas de educación y respeto muchas veces inadmisibles.

– Si lo hacemos por el de la religión, serán pecados, incluso algunos capitales como la ira o la pereza.

– En la familia, serán hijos rebeldes, padres que no saben educar o parejas complicadas.

– Y si llegamos al filtro legal o judicial, entonces serán faltas o delitos muchas veces con consecuencias muy graves.

En 2017, ya se publicó un megaanálisis en el que se estudiaron a nivel mundial los cerebros de las personas con TDAH en comparación con controles sanos. Se evidenció que existe un retraso en la maduración de diferentes estructuras cerebrales y que estas tienen un menor tamaño en afectados por este trastorno. Además, estas estructuras se correlacionan de manera directa con la sintomatología, como más adelante veremos.

Los autores señalan muy claramente que el TDAH es un trastorno del cerebro, y como tal debemos entenderlo (4).

Todavía nos cuesta mucho comprender que estamos hablando de manifestaciones de un desorden neurológico, no de personas que incurren una y otra vez en sus deficiencias voluntaria y premeditadamente.

Por eso, antes de seguir hagamos un último ejercicio de reflexión.

Voy a hacerte algunas preguntas y me gustaría que pensaras con detenimiento lo que vas a responder.

¿De verdad crees que puede haber alguien que quiera fracasar en sus estudios de forma voluntaria y le guste esa situación tanto como para no modificarla?
¿Conoces a alguien que le guste escuchar a diario reproches y críticas?
¿Alguna vez has pensado que las personas que pierden literalmente su vida por una adicción o por su impulsividad, pero parece que no cambian nunca, no quieren vivir esa vida?, ¿que nadie en su sano juicio quiere ser infeliz o fracasar?, ¿que nuestros niños y adolescentes con TDAH no quieren ser diferentes ni ser señalados?

**Entre el drama y la comedia solo
se interpone el tiempo.**

Te contaré una de las tantas anécdotas que después, cuando va pasando el tiempo, nos arrancan una sonrisa, aunque en el momento son catastróficas.

Una de las características de la consulta específica para adultos con TDAH es la dificultad para ir en hora. Necesitas tener mucha flexibilidad como terapeuta y tener muy claras las cuestiones de las que venimos hablando.

Si ya de por sí es complicado llegar puntual a las consultas de un centro de salud en pleno Madrid; cuando todos tus pacientes tienen TDAH, requieres armarte todas las mañanas de toneladas de paciencia y comprensión —y de algunas tazas de café—.

Era 2014, y todavía recuerdo cómo, una mañana de marzo, se abrió de repente la puerta de mi consulta mientras atendía a uno de mis pacientes. En aquel entonces yo tenía un despacho pequeñito donde tres ya éramos multitud.

En cuestión de segundos, un varón de metro noventa se había colado en el espacio sagrado de la consulta del psiquiatra gritándome desaforadamente.

Era su primera vez conmigo. Íbamos con quince o veinte minutos de retraso y se le iba a terminar el tique de estacionamiento.

Además, tenía que volver al trabajo y, para más señas, era su cumpleaños. Lo peor era que si se marchaba, la siguiente cita le saldría para dos meses después.

Me reprochaba mi impuntualidad después de que él había *conseguido* estar a su hora.

Creo que ni en mi época de médico residente de psiquiatría me habían gritado de esa manera y yo no me había sentido tan intimidada. Afortunadamente, hice honor como pude a mi profesión y conseguí responderle del modo más asertivo posible hasta que su ira desapareció. En otras circunstancias, quizá yo también hubiera acabado gritando. O llorando o cuestionándome a mí misma como profesional. Pero lo peor en realidad siempre viene después.

Creedme que no es nada fácil explicar desde un punto de vista médico que este paciente no es técnicamente hablando una persona maleducada ni violenta, sino que su intolerancia a la frustración, su impulsividad o su nefasta programación del tiempo son justo por lo que estaba citado en mi consulta.

Tus propios compañeros te cuestionan y sientes que te miran como si estuvieras profanando la tumba del mismísimo Sigmund Freud.

Os transcribo —con permiso del autor— dos fragmentos del correo que recibí casi nueve años después de esta misma persona y que os confieso me hizo llorar de emoción:

> Buenos días, Juncal:
>
> ¿Sigues en el Ruber? Seguro que más tranquila que en Quintana, con tantos pacientes y desbordada. Echo de menos tu optimismo y valentía…
>
> Fuiste la heroína que me desarmó aquel 31 de marzo de 2014. Cumplía cincuenta años y el TDAH apareció para quedarse. Llevo tu recuerdo y ayuda dentro desde entonces y solo puedo desearte lo mejor para ti y tu familia.

3

Conceptos médicos esenciales

> Cuando cualquier objeto de los sentidos externos o del pensamiento ocupa la mente en tal grado que una persona no recibe una percepción clara de ninguna otra, se dice que le presta atención.
>
> SIR ALEXANDER CRICHTON, 1778

Las primeras investigaciones médicas sobre los problemas de atención y salud mental se remontan al siglo XVIII (5). Ya por aquel entonces un intrépido médico escoces, sir Alexander Crichton, pionero en el estudio de la salud mental, comenzó a investigar a personas con problemas de atención describiendo así lo que hoy en día podría coincidir con lo que conocemos como TDAH: «Cuando nace con una persona, se hace evidente en un periodo muy temprano de la vida y tiene un efecto muy malo, en cuanto que la incapacita para atender con constancia a cualquier objeto de educación. Pero rara vez es en un grado tan grande como para impedir totalmente toda instrucción; y lo que es muy afortunado, en general disminuye con la edad».

Con posterioridad, el trastorno se ha seguido estudiando y ha ido cambiando de nombre a medida que la ciencia ha evolucionado, pero la concepción de que es un trastorno que mejora con la edad y la maduración de la persona continúa muy arraigada en la medicina.

Hoy en día, a pesar de que las investigaciones y la realidad clínica nos permiten asegurar que el TDAH conforma una entidad médica como tal y que los síntomas no desaparecen con la edad de forma natural, la comunidad médica y la sociedad son objeto de una escalofriante falta de información.

Las consecuencias que la ausencia de diagnóstico y tratamiento generan en nuestra salud tanto física como mental a nivel personal, en las familias y en la propia sociedad, son devastadoras.

Incluso en los casos de «éxito» el peaje que supone vivir con TDAH toda la vida es demasiado alto como para seguir negando su existencia o su tratamiento a las personas afectadas.

Conceptos tales como calidad de vida o funcionalidad no son de uso habitual en el entorno médico, pero se hacen precisos en un mundo cambiante y donde la salud ya no es necesariamente la ausencia de enfermedad.

En el caso del TDAH, suponen aspectos claves que veremos más adelante y que te ayudarán a entender por qué muchas veces hay cuestiones en nuestra vida que, aunque no se puedan cuantificar o medir de forma objetiva, son tremendamente importantes y determinan todo nuestro universo personal.

Cinco conceptos clave sobre el TDAH que debes conocer antes de continuar:

- Es el trastorno del neurodesarrollo más frecuente y afecta a un 5 % de la población infantil y adolescente.
- En la mayoría de los casos se hereda y evoluciona en función de factores condicionantes.
- Afecta por igual a hombres y a mujeres, aunque la expresión sintomática varía por cuestiones genéticas, hormonales y sociales.
- No se cura con la edad, pero puede evolucionar muy favorablemente si se diagnostica y se trata cuanto antes.
- Debe ser diagnosticado y tratado desde la infancia o, en su defecto, en cualquier momento de la vida.

A continuación, vamos a ir entendiendo todas estas cuestiones.

✓ ¿Qué es el neurodesarrollo?
✓ Relación entre genética y factores condicionantes
✓ Diferencia entre enfermedad y trastorno
✓ ¿Qué es un tratamiento sintomático?

Cuando los seres humanos crecemos dentro del útero materno, nuestro sistema nervioso central (SNC) se va desarrollando a lo largo de los nueve meses que dura el embarazo y, con posterioridad, continúa en evolución hasta prácticamente alcanzar la mayoría de edad. Esto es lo que se conoce como neurodesarrollo.

Este SNC tiene como órgano principal el cerebro, aunque hoy en día sabemos que otras partes como el cerebelo están implicadas también en el TDAH.

Todos los seres humanos somos mitad nuestra madre, mitad nuestro padre —esto nos puede gustar más o menos, pero es así—. Y por cuestiones de la genética, también somos un poco nuestros abuelos, nuestros tíos, nuestros bisabuelos, etc.

El TDAH se transmite genéticamente como tantas otras condiciones médicas, aunque en casos excepcionales puede adquirirse por enfermedades, traumatismos o cualquier cuestión que afecte de forma grave el neurodesarrollo (6).

Nuestra herencia genética será la que determine cómo va a desarrollarse nuestro SNC desde que somos un embrión de apenas un puñado de células. Es la hoja de ruta que sigue nuestro cuerpo para desarrollarse.

Algo así como un manual de instrucciones para el montaje, en este caso, de todo nuestro sistema nervioso.

Que un trastorno o enfermedad se transmita a través de los genes no implica necesariamente que estos genes se expresen al 100 % y que todos los síntomas aparezcan desde el nacimiento.

La genética se irá manifestando algunas veces desde el nacimiento de una forma más visible y otras a lo largo del crecimiento de cada individuo. Esta modificación de la expresión génica que hace que nada permanezca estático y que bidireccionalmente los factores externos sean capaces de modificar los propios genes se conoce como *epigenética*.

Un estudio publicado en 2023 nos dice que la esperanza de vida en las personas con TDAH es menor debido a un envejecimiento epigenético acelerado que viene mediado por factores como el tabaquismo desde edades tempranas o la asociación con síntomas depresivos, señalando también el nivel educativo como un factor protector (7).

Se me hiela la sangre pensando en cuántos adolescentes con TDAH abandonan sus estudios y sus sueños o son expulsados del sistema educativo.

Cada uno de estos chic@s están condenados a una peor calidad de vida y quedan expuestos a factores de riesgo mayores que, a su vez, condicionarán su epigenética, su envejecimiento y muerte prematuras.

Tus genes hablarán en un momento u otro de la vida, pero lo harán con mayor o menor intensidad en función de lo que conocemos como factores determinantes que actuarán como llaves que abren o cierran puertas.

Estos factores determinantes pueden agruparse de la siguiente manera:

- Condiciones ambientales como pueden ser, entre otras, el acceder al diagnóstico y tratamiento tempranos, adicciones —tabaco, cannabis, pantallas, comida—, sufrir experiencias adversas desde la infancia —acoso escolar, violencia familiar, abuso o negligencia emocional— o padecer una enfermedad mental asociada o dentro de la familia.
- Capacidades de cada persona —no solo intelectuales, sino también creativas, emocionales, sensoriales o motoras— y el nivel educativo alcanzado.
- Exigencias que se nos vayan planteando a lo largo de la vida como el incremento en las dificultades académicas, el inicio de la vida laboral o la crianza de los hijos (8).

Con un ejemplo se entiende mejor...

Imagínate que tuvieras que montar una mesa siguiendo el manual de instrucciones y que en este te indicaran que los cajones se montan sin tirador porque la mesa viene así de la fábrica.

Montas tu mesa y asumes que los cajones son diferentes a lo que estás acostumbrado a ver, pero, con el tiempo, aunque en tu interior sabes que esa mesa tiene algo «raro», te acostumbras.

Si no usas los cajones, nunca tendrás problema para abrirlos, pero, cuando los necesites porque ya se te acumulan los trastos, te darás cuenta de que tienes muchos más problemas para abrir los cajones que el resto de las personas que cuentan con tiradores en sus cajones.

Este ejemplo trasladado a la medicina sería lo que conocemos como un síntoma: cuando vas a abrir un cajón de tu mesa y te dejas los dedos intentando sacarlo porque no tienes de dónde tirar. Acabas haciéndote heridas en las manos y dedicas mucho tiempo buscando cómo abrir el cajón. En el peor de los casos te lías a martillazos con la mesa de pura frustración, aunque sea lo último que hagas, y después de que cada persona que pasa cerca te haga algún comentario al respecto o te diga que no has sido capaz de montar tu mesa «en condiciones», les explicas que no venían tiradores ni sitio donde insertarlos, pero nadie se lo cree. Todos piensan que los has perdido, que no has sabido montarlos o, incluso, que eres tan vago que te dio pereza ponerlos.

Al cabo de los años, no solamente te has destrozado los dedos, sino que te sientes ansioso, triste y frustrado porque no eres capaz de entender por qué tu mesa vino sin tiradores para los cajones y por qué nadie te cree.

Diferencia entre enfermedad y trastorno

La Organización Mundial de la Salud (OMS) define la enfermedad como «la alteración o desviación del estado fisiológico en una o varias partes del cuerpo, por causas en general conocidas, manifestada por síntomas y signos característicos, y cuya evolución es más o menos previsible».

Dentro del campo de la salud mental, que es el que nos ocupa, la Asociación Americana de Psiquiatría (APA), en su última revisión diagnóstica (DSM-5), define un trastorno mental como «un síndrome caracterizado por una alteración clínicamente significativa del estado cognitivo, la regulación emocional o el comportamiento de un individuo, que refleja una disfunción de los procesos psicológicos, biológicos o del desarrollo que subyacen en su función mental. Habitualmente los trastornos mentales van asociados a un estrés significativo o una discapacidad, ya sea social, laboral o de otras actividades importantes» (9).

Con esta definición podemos entender que, cuando hablamos de trastorno, nos estamos refiriendo a una variación o alteración de los parámetros que estadísticamente se consideran normales y que obedece a múltiples factores, pero nunca en exclusiva a factores externos o ambientales —¡¡el TDAH no se debe a una «mala educación»!!—.

Por eso, nuestra mesa es una variante de la normalidad semejante a cualquier otra y cumple su función como lo que es, pero, cuando necesitamos abrir un cajón, tenemos que hacer un sobreesfuerzo, buscar alternativas o dejarlo siempre abierto.

Es una mesa con un trastorno, dado que desconocemos en realidad a qué obedece su alteración.

Solo sabemos que llegó y que nos complica todos los días nuestra rutina.

A simple vista, parece una mesa normal, pero es muy poco funcional y no tenemos ni idea de cómo cambiar esta situación. Si llamáramos al fabricante, nos diría que es una mesa «diferente», que todo se debe a una cadena de acontecimientos y que nos acostumbraremos, como le ocurre a cualquier persona que compra otra igual.

Por el contrario, si nuestra mesa tuviera una enfermedad, tendría un hueco en la madera del cajón donde iría el tirador, por lo que podríamos hacerle una foto, llamar al fabricante y que nos mandaran un tirador para «curar» nuestro cajón enfermo.

Podríamos saber el origen del defecto y solucionarlo. Y lo que es mejor: todo nuestro entorno nos daría la razón y nos intentarían ayudar porque estaría claro que «la culpa» es del fabricante. Las enfermedades, por lo general, tienen cura. Con medicamentos o cirugías podemos hacerlas desaparecer o, al menos, solemos identificar el origen de estas. Además, disponemos de medios diagnósticos para ello —analíticas, pruebas de imagen, etc.—.

Sin embargo, un trastorno es una alteración de los parámetros normales que no siempre seremos capaces de medir o cuantificar con un método diagnóstico y para el que podremos usar tratamientos que en medicina conocemos como «sintomáticos».

Un tratamiento sintomático mejora o alivia los síntomas, pero no hace que desaparezca el origen del trastorno como un antibiótico cura una infección.

En el caso de nuestra mesa, el tratamiento sintomático podría ser un tirador portátil que se pegara al cajón mediante un adhesivo. Podríamos usarlo durante todo el día, aunque iría perdiendo adhesión con las horas y cada jornada tendríamos que colocar un recambio.

La mesa empezaría a ser funcional, nuestra calidad de vida mejoraría sustancialmente y nos sentiríamos mucho más seguros y aliviados cuando nos sentáramos a trabajar.

La gente ya no nos vería hacer «cosas raras» intentando abrir nuestro cajón. Desde el primer día, nos equipararíamos a nuestros iguales y la vida nos empezaría a ir mejor, aunque siempre deberíamos tener muy clara la situación y ser conscientes de ese «efecto Cenicienta» del tratamiento.

Esto es lo que ocurre en el trastorno por déficit de atención e hiperactividad (TDAH).

Por ello, no vamos a poder curarlo nunca ateniéndonos a los conceptos médicos tradicionales.

No obstante, sí emplearemos tratamientos que mejoren los síntomas y permitan llevar una vida mucho más funcional.

Solo así evitaremos el desarrollo a la larga de trastornos asociados que van a empeorar y en muchos casos condicionar la evolución de las personas con TDAH.

¿Te imaginas ser miope y que te dijeran que lo que tienes que hacer es esforzarte en ver mejor y que las gafas son un invento para que se enriquezcan las ópticas?
¿O que tu hijo de nueve años tuviera cuarenta grados de fiebre y su pediatra se negara a recetarle fármacos antipiréticos porque no tiene claro el origen del cuadro?

Si padeces una miopía y no te prescriben gafas, acabarás con dolores de cabeza y agotamiento diarios.

Si la fiebre llega a cuarenta grados en un niño, venga de donde venga, puede desencadenar convulsiones febriles, que son un cuadro de gravedad.

Si estos ejemplos que estás leyendo te parecen escenarios imposibles hoy en día, no son cosas tan distintas de lo que ocurre todavía con el TDAH, los síntomas que origina y cómo se aborda desde muchos sectores de la medicina y la psicología.

4

El diagnóstico

«Agnosto Theo» (Al Dios desconocido)

Inscripción encontrada por Pablo
en un altar durante su visita a Atenas.

Hechos de los Apóstoles 17, 23

El diagnóstico...

O para entendernos mejor: la Meca, Lourdes, Santiago de Compostela... Prepara tu mochila, ponte a caminar y *alea iacta est*. En un siglo en el que la medicina salva vidas en situaciones extremas y nuestros hijos estudian la carrera de Biotecnología, conseguir que un médico te diagnostique una patología se convierte en una travesía por el desierto, espejismos incluidos: «Me han dicho que lo más probable es que tenga TDAH, pero no me lo han diagnosticado».

Podemos asumir que la medicina cada vez está más hiperespecializada y que un médico pueda no tener los conocimientos o las destrezas suficientes como para abordar adecuadamente patologías muy concretas o áreas muy específicas.

Esto es algo que tanto médicos como pacientes vivimos a diario, por ello, en cualquier especialidad no dudamos, con frecuencia, en derivar a nuestros pacientes a las consultas de compañeros que se han especializado. Unas veces porque como médicos hemos llegado hasta donde nuestros conocimientos nos han permitido y otras porque no hay tiempo que perder.

Pero entre tanto, y así se hace en la mayoría de los procesos asistenciales, se puede solicitar que se realicen algunas pruebas básicas al paciente o iniciar algún tratamiento sintomático para que, cuando llegue a otro compañero, el proceso pueda estar algo más avanzado.

Curiosamente, este proceso que nos parece tan obvio y al que estamos tan acostumbrados lleva implícito un mensaje que podría traducirse en lo siguiente: «Yo no soy especialista en esto que te pasa o que sospecho que puede estar ocurriéndote, pero hay un compañero o un equipo que solo se dedica a ello y tu problema será atendido con una mayor precisión. Incluso en el caso de que mi sospecha diagnóstica sea errónea, ellos lo valorarán y, si lo descartan, ya habremos dado un paso más».

Sin embargo, en el caso del TDAH esto no siempre sucede así.

Cuando eres adulto y sufres un trastorno por déficit
de atención e hiperactividad, no solo tienes que luchar
a diario contra tus dificultades, sino que, además, debes
justificar tu propio diagnóstico y el proceder del osado
especialista que te acompaña en el proceso.

—Me han diagnosticado TDAH.

—¿Te han hecho pruebas?

—No…, he estado hablando con el psiquiatra una hora en la consulta…

—Entonces, ¿cómo puede saber que tienes TDAH?

—Pues porque es un especialista y tiene experiencia. Me ha preguntado sobre un montón de cosas que me pasan todos los días desde que era pequeñ@.

—Bueno… ¿Y te ha mandado a terapia?

—No…, me ha puesto un tratamiento para que los síntomas vayan mejorando y pueda empezar a cambiar hábitos y rutinas.

—Pero si son anfetaminas, ¿¿no se te ocurrirá tomarlas?? ¡¡Que son superadictivas!!

—Pero ¿qué dices? Si me las ha recetado será porque es un tratamiento seguro. No creo que un médico quiera convertir a su paciente en un adicto.

—Mira, te voy a dar el teléfono de un psicólogo que conozco que seguro va a ayudarte. Que los psiquiatras lo único que hacen es empastillarte.

Esta conversación se repite a lo largo y ancho del mundo a diario.

Y esta otra que te muestro a continuación también. Juzga por ti mismo.

—Me han diagnosticado depresión con ansiedad.

—¿Has ido al psiquiatra?

—No…, he ido a mi médico de familia porque últimamente estoy durmiendo fatal y me lo ha visto en cuanto me he sentado. Ha estado conmigo más de veinte minutos, con la de gente que tenía esperando.

—Ah, pobre. Te habrá mandado al especialista entonces.

—No. Me ha dicho que de momento no hace falta y que me lo va a tratar él.

—¿Y qué te ha mandado? Síguelo a rajatabla que estas cosas de la salud mental son muy serias.

—Pues me ha puesto un antidepresivo, un ansiolítico para cuando me sienta muy nerviosa y una pastilla para dormir.

—¿Qué te ha puesto para la ansiedad?

—Lorazepam.

—Ah, sí, lo mismo que me tomo yo para dormir. El día que no me lo tomo no pego ojo.

¿Te parece muy exagerada la comparativa? Seguramente sí. Pero, por desgracia, es una realidad diaria.

Las patologías de la salud mental se diagnostican de forma habitual mediante el instrumento más valioso que tenemos los profesionales: la entrevista clínica.

No hay pruebas médicas que puedan diagnosticarnos la depresión o la esquizofrenia.

Llegamos a los diagnósticos a través de las entrevistas estructuradas o dirigidas con nuestros pacientes y por medio de la observación y la recogida de información. En el caso concreto del TDAH, disponemos de diferentes instrumentos de evaluación diagnóstica para recoger toda esa información. Son entrevistas y cuestionarios que están basados en los síntomas cardinales del trastorno.

De hecho, existen algunos que nos sirven de cribado cuando tenemos la sospecha de un posible TDAH del adulto. La más sencilla para un cribado inicial y, además, utilizada por su rapidez y facilidad de corrección, es la escala autoaplicada de TDAH en el adulto (Adult ADHD Self-Report Scale, ASRS-V1.1), que nos orientará al principio recogiendo los síntomas cardinales de un posible TDAH.

Posteriormente y si necesitamos evaluar más a fondo el recorrido biográfico y los síntomas de la persona, podremos establecer el diagnóstico utilizando otros cuestionarios en la entrevista clínica, siendo uno de los más utilizados la entrevista diagnóstica del TDAH en adultos (Diagnostic Interview for Adult ADHD, o DIVA 2.0). Ambas han sido validadas para población española y son herramientas confiables para el diagnóstico (10, 11).

En este punto es importante que tengas claro que las pruebas psicométricas que se le hacen habitualmente a los niños y también a los adultos son de gran ayuda porque nos aportan información sobre factores como la capacidad intelectual o las áreas donde existe mayor dificultad en cada persona.

Pero nunca pueden sustituir a una buena entrevista clínica y no son necesarias para establecer un diagnóstico. Lo que hacen es evidenciar de forma objetiva los síntomas que nosotros ya habremos valorado en nuestra entrevista.

Así queda reflejado claramente en el último consenso mundial de expertos sobre TDAH (12).

Los síntomas que se pueden presentar en una persona para establecer un diagnóstico de TDAH forman una lista tan variada como —aparentemente— dispar. Y cuesta trabajo entender todas esas circunstancias como un trastorno y no como un compendio de defectos y costumbres mal aprendidas —o mal enseñadas—.

Las clasificaciones diagnósticas actuales, DSM-5 y CIE-11 (13), dividen los síntomas del TDAH en dos grandes áreas que pueden verse comprometidas.

ATENCIÓN	HIPERACTIVIDAD/IMPULSIVIDAD

Aquí es importante matizar que, a la luz de las investigaciones más recientes, estos síntomas no describen en su totalidad el trastorno, puesto que la regulación emocional está seriamente comprometida en las personas con TDAH, aunque en los criterios diagnósticos no se encuentra contemplada.

Pero sigamos avanzando con lo que tenemos hasta ahora.

Para cuantificar estos síntomas y que los clínicos poseamos criterios uniformes en todo el mundo, se han elaborado los listados de síntomas que te muestro a continuación (tabla 1):

ATENCIÓN
1. No prestar la debida atención a los detalles o cometer errores por descuido en las tareas escolares, en el trabajo o durante otras actividades.
2. Dificultades para mantener la atención en labores o actividades recreativas.
3. Parecer que no escucha cuando se le habla directamente.
4. No seguir las instrucciones o no terminar las tareas escolares, los quehaceres diarios o los deberes laborales.
5. Presentar problemas para organizar tareas y actividades.
6. Evitar o demorar el inicio de cometidos que requieren un esfuerzo mental sostenido.
7. Perder cosas necesarias para las actividades.
8. Distraerse con facilidad por estímulos externos o pensamientos no relacionados.
9. Olvidar las actividades cotidianas.

HIPERACTIVIDAD/IMPULSIVIDAD
1. Juguetear o golpear con las manos o los pies o «retorcerse» en el asiento.
2. Levantarse cuando se espera que permanezca sentado.
3. Corretear o trepar cuando no resulta apropiado. En adolescentes o adultos, puede limitarse a estar inquieto en el sitio.

4. Tener dificultad para jugar u ocuparse tranquilamente en actividades recreativas.

5. Estar «ocupado», actuando como si «lo impulsara un motor».

6. Hablar en exceso.

7. Responder inesperadamente o antes de que se haya concluido una pregunta.

8. Dificultad para esperar su turno.

9. Interrumpir o inmiscuirse en situaciones ajenas.

Tabla 1. Criterios diagnósticos para el TDAH del DSM-5

Por tanto, y para empezar a plantearnos un diagnóstico, han tenido que manifestarse al menos seis síntomas en los niños y cinco en los mayores de diecisiete años de alguna de estas dos áreas o de las dos, pero cumpliéndose las siguientes condiciones:

– Que los síntomas estén presentes durante al menos seis meses.

– En un grado que no concuerde con el nivel de desarrollo.

– Que afecte directamente en las actividades sociales y académicas o laborales.

– Y que los síntomas no sean solo una manifestación del comportamiento de oposición, desafío, hostilidad o fracaso para comprender las tareas o instrucciones.

En función del predominio de síntomas en cada área o en las dos estableceremos si se trata de un TDAH de predominio inatento, hiperactivo/impulsivo o combinado.

Hasta aquí todo parece razonablemente claro, ¿verdad? Pues bien, ahora es cuando se complican las cosas, pues empiezan a aparecer los obstáculos en la carrera hacia el diagnóstico.

Primer obstáculo
Edad de aparición de los síntomas

En la actualidad, se consideran los doce años como la edad límite para que se hayan manifestado los síntomas, aunque pueden haber estado previamente —antes, eran los siete años—.

¿Qué implica esto?

Dos cuestiones cardinales a la hora de poder decirle a una persona adulta si padece un TDAH o no.

1. **Para los adultos, muchas veces es muy difícil recordar si tenían los síntomas o no antes de los doce años.** Y lo que es más complejo de determinar, si les afectaban y en qué medida. Por eso siempre es aconsejable que alguien de la familia cercana pueda estar presente en la primera entrevista.

2. A qué edad se han identificado los síntomas. Porque si ha sido más tarde de los doce años, que es algo bastante habitual en la práctica diaria, directamente y siendo muy ortodoxos, se excluiría el diagnóstico. Esta cuestión es muy delicada y va a condicionar la evolución y, por qué no decirlo, la vida de una persona. Por ello, y a tenor de las investigaciones realizadas en los últimos años, **en las revisiones diagnósticas más recientes se comienza a flexibilizar este criterio y se acepta la presentación tardía de los síntomas en la adolescencia o en la propia edad adulta.**

Segundo obstáculo
En qué áreas nos afecta

Otro de los requisitos para el diagnóstico es que los síntomas se manifiesten en dos o más contextos de la vida de una persona. No obstante, en este punto, también se empieza a entender que en los adultos los síntomas pueden no manifestarse de una forma evidente dependiendo de las circunstancias y el contexto puntual de cada uno.

Como ves, los síntomas son muy variados y nos pueden ocurrir a cualquiera en distintas circunstancias.

Por eso, a continuación, vamos a entender por qué un porcentaje importante de la población necesita ser diagnosticado y tratado para sobrevivir en la jungla de la vida.

Las guías de diagnóstico nos recuerdan que no todo el mundo tiene TDAH. Obviamente.

Pero que si más que vivir, sobrevives, y no solo tú, sino que quienes te rodean sufren y no entienden qué te pasa ni por qué se repiten una y otra vez situaciones imposibles, probablemente, sea necesario comprenderte y ayudarte.

En resumen, lo que solemos hacer los médicos de cualquier especialidad es establecer los límites a partir de los cuales lo normal se convierte en anormal y se hace necesario intervenir para preservar tu salud.

Esto me quedó muy claro cuando una mañana saliendo de una guardia me quité el uniforme de médico y me puse el de paciente.

Los nefrólogos me declararon hipertensa de forma oficial. Tuve la sensación de que me daban la matrícula por los pelos. Algo así como cruzar el semáforo en ámbar, pero alcanzando a ver el color rojo.

A las nueve de la mañana era una mujer sana y a las nueve y cuarto estaba oficialmente enferma. Pero yo seguía siendo la misma y en apariencia nada había cambiado. Era muy raro.

Me explicaron las reglas básicas del juego: tomar la medicación a diario el resto de los días de mi vida.

Fácil, ¿verdad? Cuando alcancé a contestar, el médico ya había llamado al siguiente paciente.

Ese día entendí que en alguna fina línea la salud se convierte en enfermedad. Que es necesario prevenir para que las cosas no vayan a más. Porque un día cualquiera, de un año cualquiera, lo normal resulta que no lo es tanto.

Por eso, perderse en alguna clase tomando apuntes
es lo habitual. No tener tus propios apuntes
ni un solo día del año igual no lo es.

Desconectar en una reunión de trabajo de vez en cuando también es lo corriente. Salir siempre de las reuniones habiéndote enterado de la mitad no lo es.

Que te suba la tensión en un momento de estrés o ansiedad puede ser usual, pero tenerla alta desde que te levantas hasta que te acuestas, eso ya no.

Siguiendo con las guías diagnósticas, los dos últimos requisitos que deben cumplir nuestros síntomas para establecer el diagnóstico son los siguientes:

1. **Deben generar una importante repercusión en los ámbitos social, académico/laboral y personal.**
2. **No pueden estar causados por alguna patología mental subyacente.**

Maravilloso. Sencillamente maravilloso. Porque estas dos condiciones nos permiten de manera automática desmontar dos de los bulos más extendidos alrededor del TDAH.

BULO N.º 1: «A cualquiera le puede pasar».

Por supuesto, y nadie dice lo contrario.

Que lo que se consideran síntomas de TDAH nos puedan ocurrir a cualquiera en un momento dado de nuestra vida, de hecho, es lo esperable. Lo raro sería que nunca nos ocurrieran.

Porque lo normal es perder objetos de vez en cuando, no hacer siempre a tiempo las tareas que no nos motivan, despistarse alguna vez o interrumpir a otros cuando hablan. Claro que estas cosas pueden sucedernos aisladamente. El problema viene cuando esto no es la excepción, sino la norma.

Y, sobre todo, cuando es continuo y suponen consecuencias graves o estrés mantenido por evitarlas.

Cuando decimos importante repercusión, nos referimos a que la funcionalidad y la calidad de vida de las personas que lo padecen está seriamente deteriorada. Tanto, que lo habitual es que se desarrollen desde la infancia síntomas de ansiedad secundarios, bajo autoconcepto de uno mismo, alteraciones en el desarrollo de la personalidad o se sufran experiencias adversas, entre otras consecuencias en la salud mental.

> BULO N.º 2: «Lo que te ocurre es porque
> tienes mucho estrés o tienes un trauma o es
> por la medicación que te están recetando
> para la depresión».

A este respecto, tienes que saber que los síntomas del TDAH son independientes en su origen de cualquier otra enfermedad mental. Insistimos en que hablamos de un trastorno del neurodesarrollo.

Pero que el vivir a diario con las dificultades que supone padecer este trastorno desde la infancia te predispone a ser mucho más vulnerable o sensible para presentar esas otras patologías o a experimentar situaciones adversas tempranas.

Una vez que una persona empieza a presentar lo que se conoce como comorbilidades o enfermedades asociadas, en especial la ansiedad, será más difícil incluso para un profesional entrenado discernir o identificar cuándo y en qué circunstancias aparecieron los síntomas.

5

Cuando sobrevivir es la norma

La lluvia se detendrá, la noche terminará, el dolor se desvanecerá. La esperanza nunca está tan perdida que no se pueda encontrar.

ERNEST HEMINGWAY

Como vimos en el capítulo anterior, los términos funcionalidad y calidad de vida en medicina no suelen usarse habitualmente. Los psiquiatras estamos familiarizados con ambas palabras porque, en nuestro campo, las fronteras entre la salud y la enfermedad en muchas ocasiones se entienden mejor desde estas coordenadas.

En las siguientes líneas, vamos a entender qué significan y cómo se relacionan con el TDAH.

1. Funcionalidad

> La funcionalidad o capacidad funcional se define como los atributos relacionados con la salud que permiten a una persona ser y hacer lo que es importante para ella (14).

Nuestra funcionalidad está condicionada por la relación bidireccional que se establece entre los dos factores: nuestra capacidad intrínseca y el entorno que nos rodea.

Capacidad intrínseca
(salud física y mental)

Entorno
(factores externos)

Es decir que una persona podrá hacer lo que considera importante en la vida en función de las relaciones que se vayan produciendo entre su propio estado de salud y todos los factores externos a su alrededor.

En estos están incluidos la familia, el entorno académico y laboral, la sociedad en la que viva, las normas y costumbres, etc.

Por ello, si nos limitamos a evaluar presencia o ausencia de síntomas como baremo para calibrar si una persona tiene TDAH o cómo de grave es, nunca podremos comprender la verdadera dimensión de lo que supone presentar este trastorno. Y mucho menos entender por qué, a medida que la edad y las etapas vitales van elevando la exigencia, los síntomas, contrariamente a lo que se piensa, se hacen mucho más visibles.

*La presencia de los síntomas va a implicar un deterioro
funcional que, a su vez, influirá en que estos
se agraven y sean mucho más limitantes.*

Y así en un círculo infinito donde podremos intervenir de dos maneras: una desde la medicina, tratando los síntomas que genera la alteración neurológica y que nos impiden ser funcionales y alcanzar nuestras metas. La otra, modificando los factores externos para que la persona no experimente tanta dificultad. Es decir, adaptando todo el entorno, lo cual no siempre es posible porque aquí se incluyen cuestiones tan dispares como adaptaciones y cambios en ámbitos académicos o laborales que quizá sea lo más visible y modificable.

Pero variar sistemas de creencias, normas sociales, religiosas o culturales no siempre es posible. Como tampoco lo es alterar relaciones y dinámicas familiares instauradas y normalizadas generación tras generación.

Sin embargo, afortunadamente, en el caso del TDAH, el deterioro funcional que generan los síntomas es relativo y no absoluto. Es decir que podemos tratarlos y que se atenúen o desaparezcan consiguiendo que la funcionalidad aumente.

No sería así si habláramos de una patología no modificable como puede ser una ceguera, donde sin duda la intervención tendría que realizarse prioritariamente sobre el entorno adaptándolo de todas las maneras posibles.

2. Calidad de vida

La calidad de vida es la percepción
subjetiva del individuo sobre su posición
en la vida dentro del contexto cultural y el sistema
de valores en el que vive y con respecto
a sus metas, expectativas, normas
y preocupaciones.

Esto significa que cada persona vive de un modo diferente
tener una enfermedad o trastorno, porque el experimentar
una serie de síntomas va a repercutir en mayor o menor medida en función de variables tan dispares como el tipo de
trabajo que tengas, la tolerancia de tu familia a tus dificultades,
las normas de tu entorno social, etc.

Pero, sobre todo, en función de las expectativas y objetivos que cada uno tenga para su vida o los que hayan deposi-
tado los demás en ti.

En definitiva, ahora nos resultará más fácil entender que
en el TDAH, como en cualquier otro trastorno o entidad
médica, cada individuo es único en función de todas las variables que acabamos de explicar y que, si solo nos ceñimos
a la presencia o ausencia de los síntomas a la hora de hacer
un diagnóstico, estaremos teniendo una visión muy sesgada
de la realidad de una persona (15).

El intermedio

Hemos llegado al ecuador de esta obra. Habitualmente, los libros no tienen intermedio. Eso pasa en los teatros. La gente se levanta, da una vuelta, fuma un cigarro y aprovecha para charlar con otros. Luego vuelve a su sitio, la función continúa y aquí no ha sucedido nada. Pero en el mundo del TDAH las cosas no son tan sencillas. Este libro tiene que estar gustándote mucho como para seguir leyéndolo hasta el final. Y eso no incluye lectura en diagonal ni saltar desde aquí hasta el último capítulo. Que nos conocemos.

Pero te diré dos cuestiones. Una, que no estás sola o solo en este universo paralelo. Probablemente, a muchas personas que lo estén leyendo les puede estar ocurriendo lo mismo. No es consuelo, pero es uno de los síntomas cardinales del TDAH.

Y la otra, que quizá te sorprenda y te arranque una sonrisa cuando la leas —en el fondo es lo que busco en este momento porque, además, me encantaría verla y compartirla contigo—, es que para mí también la parte que queda por escribir es la más complicada... Tanto que se me ha ocurrido esta idea del intermedio cuando lo que me había fijado como objetivo para hoy era escribir el capítulo que viene a continuación.

Ahora que ya he logrado hacer la parte más difícil que es empezar, organizar ideas, sintetizar, sentarme a escribir a diario, darle forma al libro en mi mente, etc., resulta que vislumbro el final.

Y entonces, extrañamente y casi sin darme cuenta, comienzo a escribir este intermedio que, en realidad, lo que está haciendo es quitarme tiempo de seguir por donde íbamos.

¿Te suena? Si tienes TDAH, seguro que sí.

Si no lo tienes, pero alguien cercano a ti hace este tipo de cosas absurdas e incomprensibles, te será más fácil entenderlo. Así que ahora que sabes que tanto tú como yo nos encontramos en un momento crucial, te diré dos cuestiones más:

Una, que este libro tiene que ver la luz porque creo firmemente en su utilidad y tiene que llegar a tus manos; de lo contrario, todo el trabajo que he hecho hasta ahora no habrá servido de nada —tengo que llenar mi botella de agua y meterla en la nevera. Sí o sí—. Y si lo estás leyendo es porque lo he logrado.

Y dos, si has llegado hasta aquí, necesito que me acompañes hasta el final. Pues, si lo abandonas ahora, tampoco habrá cumplido su objetivo fundamental, que es ayudarte.

Y a través de ti y desde lo que hayas aprendido con él, ayudar también a otras personas que lo puedan requerir.

Así que vamos, que ahora empieza lo bueno…

Pero antes déjame presentarte a Teresa.

Teresa: un relato en primera persona

> No estoy loco, simplemente mi realidad es
> diferente a la tuya.
>
> Gato de Cheshire en *Alicia en el país*
> *de las maravillas*.
> Lewis Carroll, 1865

A lo largo de las próximas páginas vamos a vivir el TDAH a través del relato en primera persona de una mujer adulta. Lleva una vida normal y, como tantas mujeres y hombres, ignora por completo qué le ocurre en realidad.

Después, en los siguientes capítulos, iremos desgranando y comprendiendo todos los síntomas «escondidos» en el relato. Estoy casi segura de que, al finalizar estas páginas, sabrás lo suficiente del TDAH como para querer aprender todavía más.

TERESA

Mi nombre es Teresa y tengo cuarenta y cinco años. Estoy casada y soy madre de dos chicos de catorce y doce años. Trabajo como procuradora en un despacho desde hace tantos años que ni me acuerdo —y esto es literal; nunca recuerdo el año en que entré en el despacho—.

No es un trabajo difícil y, como ya me conocen, si me despisto o se me olvida alguna cosa, mi jefe sabe que lo compenso echando las horas que hagan falta o haciendo el doble de viajes cuando se me olvida algún papel.

No quiero ni pensar el desastre que hubiera sido si me hubiera dado por ejercer la abogacía. Nunca me sentí capacitada para ello. Solo de imaginarlo se me hiela la sangre. En un juicio no puedes dejar nada al azar ni improvisar u olvidarte de alguna fecha.

Estudié Derecho porque no tenía muy claro qué hacer con mi vida y consideré que por fin me libraría de las matemáticas, la física o la química.

En realidad, me hubiera gustado hacer algo de ciencias como Biología o Veterinaria, pero siempre se me dieron fatal los cálculos y memorizar las dichosas fórmulas. Así que hice caso a mis padres y me fui por letras.

No era una alumna lo que se dice brillante, pero nunca suspendí. Sacaba los cursos con esfuerzo y gracias a las clases particulares. Mi madre siempre estaba por las tardes en casa, así que, cuando salía del colegio y acababa de merendar, no se me pasaba por la cabeza otra cosa que no fuera ponerme a estudiar.

Y la verdad, en mi época terminabas *Barrio Sésamo*[4] y poco más había que hacer. Creo que, si me hubiera tocado estudiar en estos tiempos, no hubiera terminado ni la escuela infantil.

Y también supongo que, si mi madre no hubiera estado pendiente de mí, igual las cosas me hubieran ido peor. Aunque siempre me ponía las pilas en el último instante y lograba aprobar.

Incluso en la facultad saqué buenas notas.

Eso sí, en las asignaturas que me gustaban o que me resultaban interesantes.

---

[4] *Barrio Sésamo* era el programa de tarde infantil que se emitía en TVE en los años ochenta.

En las que me aburría soberanamente era un infierno el mero hecho de ver la pila de apuntes y tener que memorizarlos para soltarlo todo en el examen.

No sé por qué, pero me cuesta muchísimo memorizar las cosas que leo. Tengo que volver atrás una y otra vez. Recuerdo que por aquel entonces la frase que siempre me repetían era que perdía mucho el tiempo. Yo no tenía muy claro qué me querían decir con eso, la realidad es que a mí el dichoso tiempo se me pasaba volando sin enterarme, así que no me parece que me sobrara como para, además, perderlo.

Pero, bueno, si todo el mundo lo decía sería porque era verdad. También me comentaban que no rendía lo suficiente y que no me esforzaba. Vamos, que me llamaban vaga en mis narices día sí, día también.

La verdad es que yo no me consideraba una persona vaga. Más bien perezosa, pero, fundamentalmente, lo que me sentía era poco inteligente. Mis padres nunca me lo dijeron así, pero yo creo que era para no herirme.

Que digo yo que entre decirle a un hijo que es cortito o que es perezoso, pues, ahora que soy madre, me quedo con lo de perezoso.

Recuerdo a mi padre siempre diciéndome: «Teresa, hija mía, qué vaga eres y qué poco interés le pones a tus estudios».

Y yo le contestaba: «Pero, papá, si hago todo lo que puedo, de verdad. Pero es que se me da fatal estudiar».

Otra cosa que me pasaba, que me sigue ocurriendo hoy en día cuando estoy en alguna clase o en las reuniones, es que no sé por qué demonios nunca podía coger mis propios apuntes.

Al rato de comenzar la clase, aunque me hubiera hecho el propósito de atender, mi cabeza se ponía a pensar en las musarañas. Que vete tú a saber qué era eso de las musarañas, pero yo estaba siempre con ellas.

En cuanto llevábamos diez minutos sentados, como no fuera un profesor que hiciera algo más amena la clase, yo me encontraba con la hoja medio vacía y preguntándole al compañero de al lado la frase que debo haber repetido más veces en mi vida: «¿Qué ha dicho?».

El problema era que, como perdía el hilo de la clase, me ponía a hablar. Siempre tenía algo que contarle al compañero de al lado o al de detrás. Pero, claro, reconozco que debía de ser bastante molesto aguantarme.

Al final, decidí dejar de ir a clase y comprar los apuntes. Algunos compañeros que debían de ser superdotados o algo así no solo podían coger apuntes, sino que, además, luego les daba tiempo en su casa a pasarlos a ordenador y a estudiárselos.

Fue en la universidad cuando empecé a darme cuenta de que yo debía de tener algún tipo de retraso o algo parecido que no me habían sabido detectar.

No era normal que no me enterase de nada en las clases y, encima, luego tuviera que echar más horas que nadie para que se me quedaran las cosas.

Ahora que, además de trabajar en el despacho, soy profesora en la uni, me he dado cuenta de lo molesto que resulta cuando los alumnos hablan o conversan entre ellos.

Pero no es por el hecho de que hablen. El problema es que me despistan y, cuando me descuido, soy yo la que ha perdido el hilo de lo que estaba explicando.

Siempre me pareció fascinante la facilidad con la que mis compañeros se sentaban y podían permanecer sin moverse siguiendo la clase de principio a fin. Yo tenía que hacer esfuerzos por no dormirme. Aún hoy en el trabajo odio esa sensación de somnolencia que empieza a aparecer a mitad de mañana cuando estoy frente al ordenador y la cantidad de café que tomo al día para sobrevivir.

Yo veo a mis hijos ahora, con el móvil, las series, las redes y las mil cosas más para distraerse y los admiro solo por el hecho de sentarse a estudiar. Aunque al pequeño ya me han dicho en el colegio que, como no nos pongamos más serios con él y los estudios, es probable que repita curso.

Y mira que es inteligente, no como yo, pero no hay manera de que se siente una tarde a estudiar. Luego se lo intenta meter todo en una noche y, claro, ahora no es como en mi época, que eso te servía. Este mes le hemos castigado sin el móvil por los cinco suspensos que ha traído. A ver si así espabila un poco. Que luego bien que se pone horas y horas con las maquinitas.

Aunque a veces pienso que en parte es culpa mía. Siento que no los estoy educando bien. Creo que soy muy permisiva.

Todos los cursos me propongo ser más estricta y ponerles horarios a los móviles y las maquinitas.

Pero no sé por qué, siempre se me acaban olvidando mis buenos propósitos y ni yo misma recuerdo las normas que les pongo. Como para que ellos las cumplan…

Este es un tema que me estresa mucho. Ser buena o mala madre. A mí me parece que soy bastante regular como madre en general.

Voy corriendo a todas partes, siempre llego justa al cole y rara es la vez que no se me olvida algo y tengo que volver varias veces a casa.

Acumulo tanto estrés que siempre acabo gritando y diciendo cosas de las que luego me arrepiento.

También me pasa que, cuando la gente me habla, muchas veces no puedo evitar estar pensando en mis cosas. Yo escucho, pero en ocasiones es como que no termino de entender todo lo que me dicen o me pierdo parte de la conversación. Esto me ocurre desde pequeña, debe de ser el motivo por el que aseguraban que era muy vergonzosa.

Cualquiera lo diría a estas alturas, que, si me estuviera calladita, estaría hasta más guapa.

Creo que me acostumbré a sonreír para disimular que estaba en la parra.

Como con frecuencia estoy a todo y a nada, voy uniendo mentalmente las partes que he escuchado y espero que, a medida que avanza la conversación, pueda escuchar de nuevo datos tan irrelevantes como el nombre de la persona que tengo enfrente…

Y si no me he enterado, relleno las lagunas como puedo. Imaginación al poder…

Vivir así es un aburrimiento. Yo veo a la gente lo rápida que es dando respuestas y comprendiendo las cosas a la primera y alucino.

Porque se me hiela la sangre cuando me preguntan algo de repente o me pillan en uno de mis viajes con las musarañas.

Al final del día termino agotada. Aunque esa es otra. Mi final del día son las cuatro o las cinco de la tarde, porque a esas horas ya mi cerebro es incapaz de hilar una palabra con otra. Y eso si no me duele la cabeza. Que ya ni lo digo, porque parece que suena a excusa, pero, de verdad, desde que tengo uso de razón, me lleva doliendo la dichosa cabeza.

Mi madre siempre dice que eso es hereditario. Y yo no sé cómo son otras familias, pero en la mía, con afirmar que algo es hereditario, parece que ya está solucionado.

Yo observo a mis vecinas o a las madres del cole y no las veo tan empanadas ni tan agobiadas.

Aunque, claro, también es verdad que en mi casa me encargo yo de todo.

Otra cosa que tampoco sé en qué momento comenzó a suceder desde que nacieron los niños.

Pero igual resulta que el secreto de las que se organizan tan bien es que no tienen que sostener ellas solas todos los platillos chinos de Enrique y Ana juntos.[5] Bueno, y luego está lo de los despistes. Otro asunto de familia. Yo perdía y sigo perdiendo un montón de cosas.

Y de verdad que no es por falta de interés o desidia. Por ejemplo, si salgo con una cazadora o un jersey y los dejo en algún lugar fuera de mi campo visual —el asiento de atrás del coche, por ejemplo—, lo más probable es que no me acuerde de cogerlos cuando me vaya.

---

[5] Enrique y Ana fueron un dúo musical de los años ochenta que alcanzó mucha popularidad.

Pero lo grave no es eso, sino que ni siquiera me acuerdo de haberlos perdido. Hasta que un día me doy cuenta de que necesito alguna de esas prendas y me las vuelvo a comprar.

Y cuando luego aparecen las otras cosas perdidas, sinceramente, me siento como una auténtica descerebrada.

Me ha llegado a pasar de ir por la mitad de una novela y empezar a sonarme el argumento. Y, cómo no, cuando he ido a la estantería, me he encontrado con que ese mismo libro ya lo había comprado y leído de principio a fin.

Cuando me suceden estas cosas sí me agobio. ¿Cómo puede ser posible comprar dos veces la misma novela y no ser capaz de acordarte? Esto no puede ser normal.

Por mucho que aparente ser «normal» y le dé el pego a casi todo el mundo, yo sé que nadie que sea inteligente hace estas idioteces.

Lo único bueno que tiene esto de ser despistada es que de vez en cuando te llevas una alegría cuando te encuentras algún billete en un bolsillo o un anillo que adorabas, pero que nunca echaste de menos desde que lo perdiste.

Sé perfectamente que mis hijos o quien sea me pueden quitar dinero del monedero y nunca me voy a enterar. Y, si me entero, el que quiera convencerme de lo que sea lo consigue, porque yo nunca estoy segura de muchas cosas, y menos de los billetes o las monedas que llevo en mi monedero.

Esto hace que me sienta como una imbécil y, sobre todo, muy insegura. No recordar con certeza lo que te pasa o ni siquiera enterarte cuando te están ocurriendo te conviertes en una presa muy fácil.

Y eso hace que constantemente estés a la defensiva. Aunque tú ni te enteras, pero las contracturas en el cuello y la espalda no tengo dudas de que algo tienen que ver con esto. Tengo tal anecdotario —cuando lo recuerdo, claro— que contar estas cosas tomándote unas cañas o en alguna comida con amigos ayuda a que la gente se eche unas risas.

Aunque luego lo pienso y no sé por qué tengo que ridiculizarme a mí misma y dar esa imagen de la hermana de Dory.[6] No me hago ningún favor, pero es que me sale automático. Desde pequeña siempre he actuado así. Cuento lo que me ocurre y la gente se ríe. Dicen que soy muy graciosa, y debo de serlo porque se lo pasan bien conmigo.

Pero, al final, considero que he terminado representando un personaje para dar la imagen de que no me afecta nada y que tengo mucho sentido del humor. Una especie de Bridget Jones.

Como lo del reloj. Puedo consultarlo veinte veces y veinte veces que levanto la cabeza y no sé qué hora es.

¿Cómo es posible que esto le pase a una persona?

Ahora no llevo reloj, me basta con el móvil o el ordenador. Pero antes, cuando necesitabas un reloj, yo me quería morir.

La típica pregunta de: «Perdona, ¿llevas hora?».

Llegó un punto que me limitaba a extender el brazo y le enseñaba la esfera a quien me lo preguntara.

Luego está lo del desorden. En mi cuarto siempre había ropa encima de la silla, pero, en cuanto se acumulaban más de dos vaqueros o camisetas, mi madre entraba, lo organizaba todo y me recordaba lo desordenada que era.

---

[6] Dory es un pequeño pez sin memoria que aparece en la película *Buscando a Nemo*.

Pero a mí lo de ir dejando la ropa en una silla me sigue pareciendo un buen sistema. Sé por experiencia que, cuando guardo algo en el armario y dejo de verlo, es muy probable que lo olvide. ¡Y algunas cosas me gustan demasiado como para no acordarme de que las tengo!

En la universidad, hubo un año que acabé dejando toda la ropa encima de una silla. Compartía cuarto con la que hoy sigue siendo como una hermana, y mi desorden era siempre un motivo de conflicto.

Acabé cediéndole mi parte del armario, pero pienso que ni eso compensaba su visión diaria de toda mi ropa amontonada en una silla.

Y ya puestos a desvelar mis miserias, creo que todo lo que he contado hasta ahora es mucho menos importante que lo de no tener filtro. Como me dice mi marido. Que hay que ver lo que le gusta a la gente usar la frasecita del filtro.

Como si fuera tan fácil: «¿Me pone un par de bolsas de filtros, por favor?». «Sí, señora, ahora mismo. ¿Se los envuelvo para regalo o se los lleva puestos?». «Mejor me los llevo puestos que hoy tengo una cena con mi marido y no puedo ir sin ellos».

Que debe de ser que aquí todo el mundo traía el dichoso filtro debajo del brazo al nacer y, cuando vine yo, se habrían agotado.

Con todo, mis despistes y mi empanamiento me los gestiono yo y los arreglo como puedo. Pero, claro, decir las cosas tal y como a una le vienen a la mente parece que a la gente no le sienta muy bien.

Pero, por lo menos, a mí se me ve venir, no como a otras, que parece que no han roto un plato en su vida y luego son las peores.

Impulsividad se llama. O eso me dijo un psicólogo al que fui una temporada que tuve mucha ansiedad. Fue cuando nació el pequeño, que se me hizo bola la vida. Tenía que haber seguido con la terapia, pero no dejaba de ser otra obligación y me estresaba más que me ayudaba.

Si sé que hablo cuando no debo hacerlo y que meto la pata. Sé que debería respirar y pararme un segundo antes de actuar, antes de decidir. Pero, de verdad, casi he tirado la toalla con esto.

Cuando era más joven, no se podía hablar conmigo si me llevaban la contraria. Nunca he sabido la razón, pero me subía una especie de indignación por el cuerpo que lo único que me permitía hacer era dar un portazo y consumirme en mi angustia hasta que se me pasaba.

Aún me sucede. Cuando estoy en una conversación y creo que tengo razón, pero no soy capaz de hacerme entender porque las palabras no me salen de una forma organizada, acabo explotando. Pero estallando y llorando de pura frustración por sentirme terriblemente incomprendida y sola cuando me dicen que conmigo no se puede hablar…

Aunque tengo claro que los días anteriores a que me baje la regla son los peores, pues no me aguanto ni yo. Y eso que el resto del mes vivo montada en un carrusel emocional, pero esa semana es infernal. No sé dónde leí eso del carrusel, pero se me quedó bien grabado porque me identifiqué completamente.

Total, que, con el tiempo, aprendes que no se puede estar discutiendo con todo el mundo cuando no piensan como tú y, aparte, si la mitad de las veces no te enteras, lo mejor es mantenerte callada y sonreír.

Imagino que lo de la impulsividad tiene que ver con un montón de cosas que me han pasado desde niña. Lo he ido hilando, leyendo libros de autoayuda o escuchando a gente por las redes que habla sobre ello.

Por ejemplo, morderme las uñas.

Bueno, más bien los pellejos de alrededor. Hubo una vez que una amiga de mi madre me dijo que me regalaría un anillo precioso si conseguía terminar con esa fea costumbre.

De lo cual deduje yo solita con mis nueve añitos que los anillos bonitos solo pueden llevarlos las chicas que tienen unas manos perfectas. Y las mías eran de todo menos eso.

Me sentí fatal. Aquella señora debía de pensarse que yo no dejaba ese hábito porque no me daba la gana.

Ya me hubiera gustado a mí ser capaz de dejarlo. Aunque solo hubiera sido por ver ese pedazo de anillo que, claramente, la muy bruja sabía que nunca tendría que comprar.

Con los años, he comprendido que los adultos tenemos la mala costumbre de decir este tipo de cosas a los niños delante de muchas personas.

Es lo habitual. Nunca falta esa amiga de tu madre o esa madre de tu amiga que, con toda su buena intención, te recuerda tus miserias y tu incapacidad para superarlas. A una edad en la que lo que dicen los mayores va a misa.

Cuando te sucede esto de no enterarte de nada y eres consciente de que los demás son en general bastante más listos que tú, aprendes otras habilidades, porque, como diría algún avispado, a la fuerza ahorcan.

Descubres que después de un chiste hay que reírse, te hayas enterado o no. Aunque, claro, si el chiste ha sido malo, el intervalo de tiempo que pasa hasta que la gente reacciona de un modo u otro es crucial.

Si no te ríes cuando todos se están partiendo, entonces eres una siesa. Y si te ríes porque lo más probable es que el grupo también lo haga, pero resulta que el chiste ha sido penoso, entonces quedas como una idiota.

Conclusión: no me gustan los chistes.

Además, no recuerdo ninguno nunca. Jamás he podido participar en esas rondas infernales de chistes. Pero es que ni los de Jaimito recuerdo.

Otra cosa interesante que descubres es que las vueltas hay que revisarlas. Aunque no te enteres de lo que has pagado ni de lo que te han devuelto. Si no lo haces, la gente se piensa que no te importa el dinero. Simplemente, se trata de mirar las monedas o los billetes con cara de que está correcto y todos tan tranquilos.

Mi médica de cabecera me ayuda bastante, y eso que no tiene ni diez minutos por cada paciente.

Siempre me comenta que tengo ansiedad, que tanto estrés hay que controlarlo y que algún día tendré que dejar mi medicación porque ya llevo muchos años con el tratamiento…

Que por qué no hago yoga o meditación, me sugiere.

Yo sé que lo hace con toda su buena intención porque me conoce de toda la vida y sabe la ansiedad que tengo.

Pero ¿yoga, meditación…? Si no he sido capaz en mi vida de estar sentada en la misma postura ni dos minutos.

Yo me la quedo mirando y le digo que sí, que a ver si me pongo y que de esta semana no pasa que busque alguno de esos sitios que huelen tan bien a incienso y donde la gente bebe té y no tiene prisa.

Pero que, mientras, a mí no me quite de la receta la Fluoxetina y el Lexatin. Que cada vez que los hemos intentado dejar porque me encontraba más tranquila he creído morir de la angustia y la desesperación.

Y encima me lo he comido y me lo he bebido todo.

Que lo de la ansiedad no es ninguna broma.

SEGUNDA PARTE

ENTENDIENDO PARA COMPRENDER

6

Destripando el cerebro humano

> La ciencia… significa una conducta sin descanso, un desarrollo en continuo progreso hacia un objetivo que la intuición poética puede captar, pero que el intelecto nunca llegará a entender por completo.
>
> MAX PLANCK, *The Philosophy of Physics*

Quizá los próximos capítulos del libro sean los más importantes y también los más complejos de escribir. Pero no puedes saltártelos.

A través de las siguientes páginas vamos a ir entendiendo la complejidad de nuestro sistema nervioso y su funcionamiento a la luz de lo que sabemos hasta ahora de él.

Porque solo conociendo las bases neurológicas que se esconden tras el comportamiento humano y en el TDAH como variante de la normalidad, podremos comprender todos sus síntomas y tener una visión global al final del libro que nos permita pensar y decidir por nosotros mismos.

Quiero matizar dos cuestiones antes:

1. Cuando hablo de cerebro me estoy refiriendo no solo a la corteza o córtex cerebral, sino a todas las estructuras englobadas dentro de nuestro cráneo.
2. Vamos a seguir un sentido inverso en el aprendizaje, de lo general a lo concreto, haciéndonos preguntas que nos lleven a encontrar respuestas.

Si has leído algo sobre el trastorno por déficit de atención e hiperactividad, seguro que hay palabras que te suenan, como dopamina, noradrenalina o funciones ejecutivas.

También términos como procrastinación, impulsividad, desregulación emocional o hiperactividad.

Pero si el tema no te toca de cerca o nunca te ha interesado, probablemente solo habrás oído perlas tales como...

- «Los médicos usan drogas para tratarlo».
- «Ahora todo el mundo tiene TDAH».
- «Le das la pastillita al niño para que no se mueva en clase».
- «Con anfetaminas también me concentro yo».

Y así otras cuantas afirmaciones tan categóricas como absurdas, que darían para escribir otro libro solo con ellas.

En el año 1927, un grupo de físicos se reunió en Bruselas para investigar la incipiente física cuántica e intentar resolver cuestiones que la física de Newton a esas alturas de la historia no podía ya explicar. A esta reunión se la conoce como la «interpretación de Copenhague» (16) y se considera históricamente en el mundo de la física como un momento que marcó un antes y un después en la física cuántica.

¿El motivo? Que los eminentes físicos allí reunidos concluyeron que no hay manera de conocer la «verdad absoluta».

El conocimiento completo de la realidad era algo que estaba por encima de la capacidad de todo pensamiento racional. Y esto se explica porque nuestra mente humana solo puede manejar ideas, pensamientos. Ese gran don del que hablábamos al principio del libro y que nos coloca en el escalafón superior supuso una limitación para el mundo de la física. Por ello, la mente no es capaz de tomar en consideración una realidad, sino que lo máximo que puede hacer es creer «sus» ideas sobre la realidad.

Y por esto mismo, que algo sea cierto o no dependerá de la experiencia individual de cada persona y de cómo «piense» su realidad según sus vivencias.

Esto fue algo que Einstein se negó a aceptar.

«Lo más incomprensible sobre el mundo es que es comprensible», escribió (17).

¿Por qué te cuento esto? Porque desde ya tenemos que asumir que no existen verdades absolutas. Empezando por mí misma, que soy la primera que tengo que reformular a diario mi propio trabajo.

Y también para que nos resulte más fácil comprender que cuestiones como el propio tiempo y, en general, todas las dualidades de la vida, tales como divertido/aburrido, prioritario/no prioritario, me entero/no me entero o el eterno y aburridísimo debate sobre lo normal o lo anormal, dependen literalmente de los filtros que llevemos instalados y de cómo los maneje nuestra mente.

Y aclarado esto, resumido de una forma casi vergonzosa, vamos a empezar. Asumimos que no sabemos apenas nada. Únicamente algunas cuestiones básicas que vamos a ir viendo.

Es decir, partimos con *mente de principiante* (18).

**«La mente del principiante está vacía, libre
de los hábitos del experto, dispuesta a aceptar, a dudar,
y abierta a todas las posibilidades...».**

Primera cuestión
Comportamiento y autorregulación

Las personas nos comportamos de una u otra manera continuamente. Hasta cuando dormimos nuestro cerebro y nuestro cuerpo continúan activos. Es más, incluso si nos sentamos a mirar una pared en blanco, nuestro cerebro activa una serie de estructuras conocidas como red neuronal por defecto (Default Mode Network), también denominada *mind wandering* o mente errante, que se ocupa literalmente de divagar. De esto hablaremos más adelante.

Pero ¿qué es un comportamiento? ¿A qué nos referimos cuando decimos que una persona tiene un buen o mal comportamiento?

De un modo muy descriptivo y haciendo una disección digna del mejor cirujano, podemos decir que el comportamiento es el resultado de la interacción conjunta de tres elementos básicos en los seres humanos.

Comportamiento: cognición + conducta + emoción.

Y donde la autorregulación es nuestra facultad para controlar todos y cada uno de nuestros comportamientos.

En otras palabras, la autorregulación es la capacidad que tenemos a lo largo de nuestra vida de conjugar y ajustar continuamente estos tres elementos para que el resultado sea lo más adaptativo posible.

Así que de lo poco que hemos visto hasta ahora seguro que al menos estás llegando ya a alguna conclusión.

La mía, y mirándolo con la mente de principiante, así sin pensarlo mucho, es que nuestra propia autogestión o autorregulación no debe de ser nada sencilla.

Por lo que sin duda excluyo la posibilidad de que el comportamiento humano sea atribuible única y exclusivamente a la voluntad como se nos ha enseñado hasta hace poco.

¿Querer es siempre poder?, ¿hasta qué punto este lema es realista en el ser humano? Y de no ser así, ¿dónde queda entonces la libertad de decisión o libre albedrío que se nos presupone a la especie?

Pero cuidado, no me malinterpretes. No estoy restándole valor a la voluntad como una capacidad de las personas que nos ayuda en nuestra autogestión y a alcanzar nuestras metas.

Sin embargo, atribuir el control del comportamiento humano, del tipo que sea, únicamente a nuestra voluntad, parece, a priori, una visión algo reduccionista.

Segunda cuestión
La cognición

El término cognición deriva del sustantivo en latín *cognitio*, y este, a su vez, del verbo *cognoscere*. Es decir, la acción de conocer o conocerse. Trasladado a la especie humana, la cognición se define como la acción y el resultado —la conducta en este caso— del conocimiento que tiene un individuo de sí mismo y del mundo que le rodea.

Este es el fundamento de la psicología cognitiva que nace en los años cincuenta y que, esencialmente, postula que el estudio de la conducta humana pasa por entender los procesos cognitivos que influyen en ella.

Es decir, tus acciones te definen, no tus palabras.

La línea de investigación más notable de esta escuela fue la teoría del procesamiento de la información que puso su interés en todos los procesos psicológicos implicados en la cognición y, por ende, en la conducta humana.

Pero la cognición en sí misma es el conjunto de una serie de funciones llamadas procesos cognitivos que nos permiten interaccionar con el mundo que nos rodea.

Os enumero los principales: memoria, lenguaje, atención, gnosias, praxias, orientación y funciones ejecutivas.

Clásicamente, se han dividido estos procesos en básicos y superiores, donde la atención y la memoria pertenecen a las básicas y las funciones ejecutivas o el lenguaje a las superiores. En la actualidad, existe controversia sobre si algunas funciones dentro de la misma atención o la memoria deben considerarse como integrantes de las funciones ejecutivas y, por tanto, pertenecer a esa categoría superior.

Como puedes ver, no son lo mismo los procesos cognitivos cuya relación óptima tiene como resultado nuestro control cognitivo global que las funciones ejecutivas en sí mismas.

Las funciones ejecutivas son procesos incluidos dentro del conjunto de la cognición, pero, al mismo tiempo, se encargan de que el resto de los procesos cognitivos —lenguaje, memoria, atención, etc.— se relacionen adecuadamente para lograr la autorregulación.

Es como un equipo de futbol y su entrenador. Todos juntos forman el equipo. Que es el que gana o pierde partidos. Portero, delantero, entrenador… Pero es el entrenador quien, formando parte del equipo como un todo, se encarga de organizar y planear la estrategia para que jueguen de la mejor manera posible cuando salgan al campo.

Tercera cuestión
Funciones ejecutivas

Ahora sí hemos llegado a las funciones ejecutivas de las que necesariamente tenemos que hablar si tratamos el tema del TDAH. Esta parte se empieza a acercar al eje del libro. Por eso lo vamos a dividir en pequeños subapartados para ir desmigajándolo con calma y alcanzando los entresijos de nuestros comportamientos.

A) Ejecutivas –sin más–

Empecemos por el apellido para entender de qué estamos hablando cuando nos referimos a las funciones ejecutivas.

El término «ejecutivas», aun no sabiendo nada de nada sobre el cerebro, ya nos da una idea de lo que puede significar.

Aunque el término en sí induce a engaño, pues es como cuando una persona te dice que es un ejecutivo o que tiene un cargo ejecutivo en una empresa, suena importante, ¿verdad?

A mí se me viene a la cabeza alguien «trajead@» que se pasa el día decidiendo, tomando aviones, de reunión en reunión y con montañas de correos pendientes de responder a cada cual más urgente. Vamos, ese tipo de trabajo que no te posibilita desconectar una semana seguida porque «lo lleva el cargo».

En realidad, lo que te está diciendo es que, dentro de su organización, tiene capacidad ejecutiva. Es decir, tiene potestad para tomar decisiones en sus ámbitos de competencia.

La diferencia entre él y otro empleado es que el ejecutivo es el que decide, el que organiza, el que lidera. Pero no es quien, en última instancia, realiza la acción final. El entrenador no sale a jugar al campo, pero está todo el partido tomando decisiones, solucionando imprevistos, siendo el responsable último de lo que hace el equipo. Esto seguro que no hace falta que te lo explique.

Ese es su trabajo literalmente. Organizar y coordinar. Poner de acuerdo a la gente. «Templar gaitas» cuando las cosas se ponen feas, hablar con los jefazos de arriba e intermediar con los de abajo. En realidad, son personas multitarea a las que les van surgiendo distintas tesituras a diario y que van resolviendo muchas veces sobre la marcha.

Por eso, las funciones ejecutivas son procesos tan variopintos como dificultades nos vayan apareciendo a lo largo de la jornada.

La planificación de nuestras tareas, la priorización en la toma de decisiones, la gestión del tiempo, la flexibilidad de nuestros razonamientos para cambiar de idea cuando haga falta, el recordar dónde aparcamos el coche, el terminar lo que estoy haciendo antes de ponerme a otra cosa…

> **En definitiva, las funciones ejecutivas son los procesos mentales que me facilitan vivir coordinando todas mis capacidades.**

En este punto nos vamos a detener porque tenemos que hablar de una de las funciones ejecutivas más importantes y que en el TDAH se encuentra más afectada condicionando gran parte de la sintomatología. El tema en sí daría para escribir otro libro, no obstante, os explicaré aspectos fundamentales.

Hablamos de la **memoria de trabajo**, que ha sido desde el nacimiento de la especie una función esencial para el desarrollo del *Homo sapiens* y su diferenciación del resto de especies.

La memoria de trabajo es una capacidad que
nos permite utilizar información adquirida y poder
hacer uso de ella en el corto plazo.
Todo lo que vemos, escuchamos o vivenciamos
nos sirve continuamente en el futuro inmediato
o en el corto plazo mediante la actualización,
el procesamiento y el reordenamiento
de esta información.

Es una función ejecutiva que continuamente se está «refrescando» porque en cada segundo de nuestra vida tenemos que tomar decisiones de todo tipo, siempre según la información que vamos recogiendo con anterioridad.

Podemos entender que es una función clave para evolucionar, dado que es la que nos posibilita aprender de lo vivido y usar esa información para tomar decisiones, sopesar situaciones o elaborar tareas.

Si no tenemos esta capacidad a punto, si no podemos hacer uso de la información que necesitamos en cada momento, nuestras decisiones pueden ser las mismas una y otra vez, aunque sean las equivocadas y, por tanto, tener un mayor margen de error.

Además, los estudios más actuales han demostrado que una memoria de trabajo deficiente condiciona una velocidad de procesamiento de la información menor (19) y se asocia de forma directa con los principales síntomas del TDAH. Una de las relaciones sintomáticas más recientemente estudiadas es la existente entre la memoria de trabajo y la regulación de las emociones. Esto es porque las redes que las regulan se superponen, de tal manera que se ha comprobado que, a medida que la carga de memoria de trabajo aumenta, la capacidad de regular nuestras emociones disminuye, puesto que se reduce la activación de las áreas corticales implicadas en el procesamiento de las emociones.

A mayor memoria de trabajo, mayor capacidad para recordar y manejar situaciones, emociones o respuestas pasadas erróneas o acertadas y mayor control sobre las circunstancias presentes (20).

Volveremos a la memoria de trabajo en páginas posteriores, pero por ahora, ya sabemos las nociones básicas sobre esta imprescindible función ejecutiva.

B) Funciones... —a secas—

Cuando hablamos de funciones, aunque parezca una obviedad, nos referimos a que nuestro cerebro se pone en funcionamiento. Esto significa que cientos, miles o millones de neuronas se conectan entre ellas y, a su vez, interconectan diferentes áreas cerebrales.

Históricamente, cuando se comenzó a estudiar el cerebro, se dividió en distintas áreas donde cada una desempeñaba una función.

La máxima expresión de estas investigaciones la tenemos en el tratado que Korbinian Brodmann, neurólogo alemán, publicó en 1909 y en el que describió hasta cincuenta y dos áreas cerebrales según la densidad, tamaño y número de células que las conformaban, así como las conexiones locales entre ellas y las proyecciones que tenían hacia zonas subcorticales (21).

Un momento…, ¿zonas subcorticales?

Si hablamos de zonas subcorticales o de proyecciones que llegan hacia ellas…, ¿será que hay una que es la cortical?

Sí, la hay. Y es donde vamos a hacer otra parada porque nos vamos acercando cada vez más al meollo de la cuestión.

C) La corteza cerebral

Su propio nombre la define. Una corteza. Y la verdad es que así dicho y teniendo en cuenta que nos estamos refiriendo al órgano más sofisticado de la especie más evolucionada, la cosa da mucho que pensar.

Será por eso por lo que a los científicos les gusta más usar el término original córtex cerebral o, ya puestos, en un alarde de gloria autoproclamada, el neocórtex, ya que es la parte más reciente de nuestro cerebro desde el punto de vista evolutivo y se encuentra en la zona superior —literalmente— de todo el sistema nervioso.

Además, también es la última en desarrollarse en cada uno de nosotros y, por desgracia, no siempre al ritmo que se espera.

En el lenguaje coloquial, hablar de corteza cerebral es referirse al cerebro en sí mismo.

Por ello, puede parecer que no se complicaron mucho la vida cuando la bautizaron, pero ahora veremos que el nombre describe fielmente lo que representa, porque, por debajo y dentro de ella misma —y a eso nos referimos cuando hablamos de estructuras subcorticales—, tenemos otras estructuras con las que se comunica y que son lo que algunos llaman nuestros cerebros «reptiliano» y «emocional».

* Lo de reptiliano significa que son las áreas donde se controlan funciones esenciales del organismo, tales como la respiración, la temperatura, el equilibrio o el sueño y que, cuando venimos a este mundo, ya tienen que funcionar necesariamente por razones que obvio explicar. En esta zona se localiza el cerebelo, que también tiene su importancia en el TDAH.

* Y lo de emocional tiene su sentido porque la estructura a la que se alude, el **sistema límbico**, se encuentra envuelta por la propia corteza cerebral en el lóbulo temporal. Está formado, a la par, por el hipocampo y la amígdala, donde se almacenan nuestros recuerdos y se generan nuestras emociones más primarias como el miedo o el enojo.

Pues bien, volviendo a nuestra corteza, lo que tenemos que conocer respecto de ella, aunque más adelante la analizaremos con más detalle, es que está dividida de forma general en los lóbulos cerebrales.

Estos lóbulos son cuatro: frontal, parietal, temporal y occipital.

Se localizan a ambos lados del cerebro y forman los hemisferios cerebrales.

A nosotros, fundamentalmente, el que nos interesa conocer por la implicación que tiene en el TDAH es el lóbulo frontal, que es desde donde se controlan funciones como el movimiento o el lenguaje. Aunque hoy sabemos que otras áreas de los diferentes lóbulos también tienen importancia para entender este trastorno. Pero lo esencial de la cuestión es que, formando parte de este lóbulo frontal y en su zona más anterior o delantera, es decir, literalmente en nuestra frente —de ahí lo de «no tienes dos dedos de frente»— se encuentra la famosísima **corteza prefrontal** —de ahora en adelante CPF—, donde todos pensamos que se organizan las funciones ejecutivas de las que ya hemos hablado. El sanctasanctórum de la especie humana, nuestro tesoro más preciado, lo que nos eleva por encima del resto de las especies...

Pues bien, respecto a la mitificada y demonizada a partes iguales CPF, sus funciones ejecutivas (FE) y los superpoderes que se le atribuyen..., hay un par de cosillas que debes saber.

1. **No es exclusiva de la especie humana como nos encanta pensar.** Lo que ocurre es que, en los humanos, la CPF es la que más porcentaje ocupa de toda la corteza, con un 29 % aproximadamente de mi cerebro frente al 3,5 % de mi gato Leo, el 7 % de los perros o el 17 % de los chimpancés.
2. **Las FE no se controlan solo desde la CPF.** Son sus múltiples conexiones con otras zonas de nuestro cerebro y mediante las redes neuronales las que se encargan de ellas.

Por tanto, la CPF no es la única protagonista en el control último de los comportamientos humanos ni es exclusiva de la especie humana como tal.

Pero sí está mucho más desarrollada que en cualquier otra especie y sus mecanismos son muchísimo más complejos —y tal vez por eso con mayor margen de error...—.

D) Redes neuronales

Es importante saber que la unidad básica de funcionamiento cerebral es la neurona.

Pero antes de continuar, veamos algunos datos curiosos para entender lo que viene a continuación:

* Número de neuronas que forman un cerebro humano: **cien mil millones**.
* Número de conexiones que realizan entre ellas: **un billón**.
* Peso del cerebro respecto al total del cuerpo: **3 %**.
* Cantidad de energía que consume: **20 % del total**.

A la vista de estos datos quizá nos sea más fácil entender que el asunto se complica.

¿Un 3 % de nuestro cuerpo devorando el 20 % de nuestra energía?

Y estas cifras en condiciones «normales»... Imagínate si tiene que hacer un sobreesfuerzo 24/7...

El cerebro funciona mejor o peor según cómo se realicen estas conexiones. No es tan sencillo como pensar que hay una u otra zona «estropeada».

Es cierto que aquí debemos hacer un matiz para explicar que el tamaño de las estructuras cerebrales varía en diferentes patologías, como en el mismo TDAH, pero ahora nos interesa la conectividad.

Esto va de conexión, de redes, de circuitos...

De comunicación entre nuestras neuronas y por qué se establece bien, mal o regular esta conexión.

Para sorpresa de muchos, el cerebro que albergaba a una de las mentes más poderosas de la historia resultó ser de igual tamaño que el de tu vecino de enfrente. Albert Einstein no tenía un cerebro más grande, pero, probablemente, contaba con unas redes de conexión neuronales fuera de lo común.

La teoría de conectividad neuronal o teoría de redes nos explica que el funcionamiento global de nuestro cerebro va a depender de todas y cada una de las conexiones neuronales que se produzcan a lo largo y ancho de este.

Esas conexiones se realizan entre grupos neuronales que, asimismo, forman las distintas áreas cerebrales.

Y para poder llevar a cabo estas conexiones o comunicarse, las neuronas usan su particular lenguaje. Las neuronas son unas cotorras que literalmente nunca paran de hablar entre ellas en una especie de torre de Babel donde las conversaciones se cruzan unas con otras, pero sin mezclarse ni entorpecerse. Y emplean distintos idiomas. ¿Cómo puede ser eso?

Pues verás. Intercambian sustancias conocidas como neurotransmisores, que definen cada «idioma» y, en función de qué neurotransmisor utilice una neurona y dónde se localicen los grupos que hablan el mismo lenguaje, se transmitirán unas señales u otras.

Además, dentro de estas redes o autopistas cerebrales hay determinadas agrupaciones de neuronas donde se producen de modo significativo muchísimas más conexiones porque entran y salen más señales que en otras. Son los *hubs* o nodos de conexión en el lenguaje de redes y que conforman esas zonas calientes donde se localizan los problemas en algunas patologías neurológicas o psiquiátricas.

Este concepto es fácil de entender si pensamos en el metro de Madrid con sus diferentes líneas y sus cientos de paradas. No todas son iguales. En una parada pueden conectarse dos líneas y en otras, que son lo que llamamos intercambiadores —Moncloa o Plaza de Castilla— no solo se conectan varias líneas de metro, sino que también hay conexiones con la red de autobuses y trenes de Cercanías. Son auténticos hormigueros y pobre de ti como no te los conozcas.

Dependiendo de qué áreas se estén conectando entre ellas y de qué manera, el resultado serán nuestros pensamientos, emociones o conductas. Es decir, nuestro comportamiento.

Así que los síntomas que conforman una patología mental no obedecen a que nos funcione bien o mal de forma aislada una zona determinada de nuestro cerebro, sino a que determinadas áreas especializadas se comuniquen adecuadamente tanto dentro de ellas mismas como con las del alrededor.

Conceptos clave

> • El funcionamiento último de nuestro cerebro depende de las conexiones entre neuronas.
>
> • Las zonas cerebrales son agrupaciones de neuronas especializadas que establecen conexiones continuamente entre ellas.
>
> • La especialización de una neurona depende de los neurotransmisores que utilice para comunicarse.

E) La neurona

Hemos llegado a la unidad básica de todo este entramado. A las guardianas del tesoro. A las neuronas.

Esas que matabas por millones cuando te emborrachabas. Esas que si no se comunican adecuadamente cuando vamos a comprar el pan volvemos con el carro lleno de todo, pero sin el pan.

Veamos cómo son en su origen y cómo funcionan. Esto es importante para entender todo lo que hemos visto hasta ahora.

Y sí, lo siento, pero tenemos que volver al momento de nuestra concepción.

Cuando el óvulo es fecundado por el espermatozoide se forma un embrión que se divide con increíble rapidez en tres tipos de células. A partir de estas tres líneas celulares se crea todo el cuerpo. Uno de estos grupos es el ectodermo, del que una parte se pliega sobre sí mismo y origina el tubo neural que será el sistema nervioso rudimentario.

A lo largo de las semanas, los neuroblastos, que son las células todavía inmaduras y que están en la parte más anterior o delantera de este tubo, se multiplican en la llamada zona ventricular. Algo así como una academia de ingreso a un cuerpo especial. Lo describo de esta manera porque sin duda los neuroblastos son células con una gran vocación.

Lo que hacen para llegar a su destino es realmente una escalada semejante a la de los *castells*.[7] Desde la zona ventricular van trepando mediante un andamiaje construido por otro tipo de células llamadas radiales y, a medida que van llegando, se organizan disciplinadamente por capas, a la vez que se van dividiendo en dos tipos de células, las neuronas y las células gliales —estas también tienen su función y superan en número a las neuronas—.

Pues bien, estas capas son seis y conforman la corteza cerebral desde dentro hacia fuera, por lo que las células que integran las capas finales son las últimas en llegar y las que más tienen que trepar.

Ya tenemos formada la corteza cerebral o neocórtex: seis capas diferenciadas de manera perfecta que constituyen la sustancia o materia gris y donde residen los núcleos neuronales.

Inmediatamente pegada a ella y hacia dentro nos encontramos con la sustancia o materia blanca, compuesta por los axones o prolongaciones de las neuronas que llevan señales a esas zonas subcorticales de las que hablamos con anterioridad.

---

[7] Los *castells* son torres humanas típicas de Cataluña.

En estudios volumétricos realizados a personas con TDAH se ha visto que diferentes áreas de toda la corteza cerebral y también de zonas subcorticales presentan un menor tamaño, así como un retraso en la maduración del grosor cortical si se las compara con las de la población sana. Ya lo vimos al principio del libro.

Pero detengámonos a entender cómo es una neurona.

Una neurona está formada —principalmente— por las siguientes partes:

- **Núcleo**

Aquí se guarda el ADN, que es el código de su funcionamiento, sus instrucciones de uso. Todas y cada una de esas instrucciones las hemos heredado a lo largo de generaciones y están aquí esperando a recibir la orden de expresarse o quedarse en silencio.

- **Dendritas**

Son ramas de la neurona que actúan como su «oído».

La información que llega de otra neurona —neurotransmisor— entra a través de ellas mediante las espinas dendríticas.

- **Axón**

Es una especie de «cable» por el que la neurona transmite su información —la que viene de su manual de instrucciones— y se comunica con las dendritas de la neurona vecina por medio de la sinapsis neuronal.

Esta comunicación que ocurre entre una neurona y otra se produce en la hendidura sináptica y tiene lugar gracias a que una de ellas libera un neurotransmisor y la otra lo recibe. Así se comunican nuestras neuronas. Todo el tiempo, sin parar. Millones de conexiones ocurren constantemente dentro de nuestro cerebro.

ATENCIÓN A ESTE CONCEPTO PARA ENTENDER EL TRATAMIENTO

Una vez que una neurona libera el neurotransmisor a la hendidura sináptica y se transmite la señal, esta misma neurona reprocesa o recicla este neurotransmisor. Esto es un fenómeno que se conoce como recaptación y tiene lugar por la bomba de recaptación o transportador. Según este fenómeno, las sustancias que impidan esta recaptación de los neurotransmisores o incrementen su liberación tendrán como efecto una mayor cantidad de este entre dos neuronas regulando la señal entre ellas.

Estas conexiones ocurren no solo de forma química mediante los neurotransmisores, sino que, además, interviene una señal eléctrica.

Es lo que Otto Loewi describió en 1921 como la comunicación electroquímica y cuya descripción excede la finalidad de este libro.

Sin embargo, es necesario conocer este fenómeno porque el equilibrio entre las señales eléctricas y la liberación de neurotransmisores entre nuestras neuronas es un continuo baile entre su activación y su descanso.

Lo saludable sería que nuestro cerebro mantuviera un equilibro perfecto entre la activación y el reposo de cada zona según nuestras necesidades. Ni muy activo ni muy dormido.

Que, cuando unas neuronas se pusieran a «gritar», otras las calmaran y las ayudaran a volver a hablar tranquilamente.

O, por el contrario, cuando un grupo de ellas apenas pudiera hablar, llegaran otras que las ayudaran a expresarse y a hacerse oír.

No obstante, cuando se pierde este equilibrio, ya sea por exceso o por defecto, es cuando aparecen los síntomas que conforman las diferentes patologías mentales.

Ahora que ya sabemos el funcionamiento básico de nuestra torre de control, vamos a entender qué proceso está alterado detrás de cada uno de los síntomas del TDAH.

Miremos este engranaje y empecemos a colocar las piezas del rompecabezas.

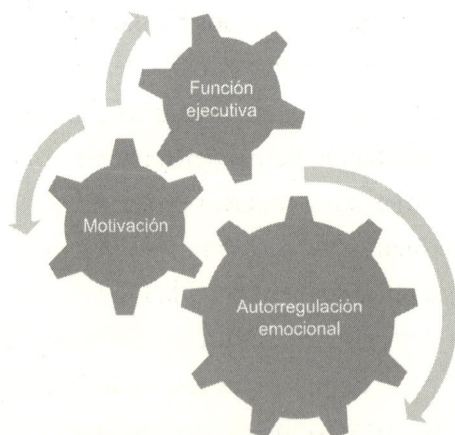

7

Motivación, atención y neurotransmisores

Los hombres deberían saber que del cerebro
y nada más que del cerebro vienen las ale-
grías, el placer, la risa, el ocio, las penas, el
dolor, el abatimiento y las lamentaciones.

HIPÓCRATES DE COS

A lo largo de estas páginas hemos hablado de temas como las funciones ejecutivas, la consecución de objetivos, la funcionalidad, etc. Y lo que nos ha quedado claro es que las personas con esta afectación neurológica tienen serias dificultades para alcanzar objetivos y metas, por sencillas que parezcan. Cuando hablamos de TDAH, nos referimos a problemas aparentemente tan dispares como la falta de atención, la impulsividad, la desregulación emocional o la excesiva actividad motora. Pero ¿qué tienen todas estas cuestiones en común?, ¿cuál es el nexo entre todos estos problemas?

Es hora de volver al ejemplo del vaso de agua helada y comprender lo que en realidad está sucediendo en nuestro cerebro.

Recordemos que lo primero que precisábamos para llegar a obtener ese manjar era desearlo. Después, una vez que habíamos conseguido movernos del sofá, que nuestra atención no perdiera de vista el objetivo, ¿verdad? Pues sigue leyendo porque a partir de ahora todo te va a ir encajando...

7.1. Dopamina y noradrenalina: ¿Cuál es su papel?

Dopamina

La dopamina (DA) es el neurotransmisor utilizado por las neuronas que forman los circuitos cerebrales implicados en el control de la motivación y la recompensa. También, pero no exclusivamente, en la atención y las propias funciones ejecutivas.

La gran autopista dopaminérgica por excelencia donde **motivación, recompensa** y **atención** se relacionan entre sí se conoce como sistema dopaminérgico mesolimbocortical, el cual conecta nuestro cerebro emocional —sistema límbico—, la corteza prefrontal y las zonas implicadas en la sensación de recompensa, fundamentalmente el conocido como núcleo accumbens.

MOTIVACIÓN, ATENCIÓN Y NEUROTRANSMISORES

A través de estas interconexiones, el avanzar hacia una recompensa se comprende como un proceso que está relacionado con la atención, las decisiones ejecutivas y los recuerdos emocionales.

Las conductas en las especies animales, ya sean voluntarias o inconscientes, están motivadas fundamentalmente por dos objetivos: evitar el dolor o sufrimiento y experimentar placer o recompensas.

Para alcanzar estas recompensas o momentos de placer existe la motivación, el deseo, la búsqueda de estos instantes de calma, de recompensa, de felicidad o como lo queramos llamar.

El placer es una experiencia tranquilizadora.
Donde hay placer no hay ansiedad.

Por ello no es de extrañar que, a lo largo de la evolución, el hombre, además de evitar el dolor o el sufrimiento, haya buscado también ese placer o recompensa.

¿Motivación y placer son lo mismo?

Motivación o deseo no son sinónimos de placer. El placer lo regulan principalmente, aunque no en exclusiva, los opioides, sustancias que nuestro propio organismo fabrica de modo natural cuando experimentamos cualquier tipo de sensación placentera. Aun con todo, para llegar a obtener ese placer, primero se requiere desearlo o tener motivación para logarlo. O eso sería la secuencia esperable.

*Desear no es disfrutar. Y, por contra, se puede
disfrutar sin haber deseado ese placer.*

Por eso, muchas veces experimentamos placer en situaciones a las que no hubiéramos ido *motu proprio*, pero que hemos tenido que afrontar por razones varias.

Es aquí cuando la frase de «me alegro de haber ido, aunque no me apetecía nada» cobra todo su sentido.

Y por eso también, en las adicciones existe un deseo incontrolable por conseguir la sustancia o realizar la conducta que sea, pero en los casos más graves ya no se obtiene placer, aunque el deseo se convierta en incontrolable. Un ejemplo muy claro es el de la adicción a las compras.

*La búsqueda de la recompensa es algo que ocurre
de forma espontánea en el cerebro animal y que crece incluso
a veces a expensas de sacrificar otras necesidades básicas
como la propia alimentación cuando se produce una
alteración en los llamados circuitos de recompensa.*

Este hecho justifica que algunas personas parezcan movidas solo por aquello que les causa placer o recompensa evitando de modo muchas veces incomprensible lo que les resulta muy difícil de acometer.

En estas personas, lo que ocurre es que no se activan adecuadamente las ganas o el deseo natural para realizar actividades del tipo que sean.

Y por ello se suelen aburrir con todo en general, salvo cuando algo es muy novedoso.

Las personas con TDAH no siempre tienen ganas de hacer algo de manera genuina, incluso actividades que resulten placenteras. Normalmente, no les apetecen cosas con la misma intensidad que a otras personas.

Cualquier pequeña acción les resulta difícil de hacer. Les cuesta un mundo «ponerse». Por eso, aparecen la procrastinación, el posponerlo todo hasta el final o el no tolerar situaciones que ya no les motivan o les aburren.

Este fenómeno no solo ocurre con las actividades diarias o tareas aburridas, como se suele pensar, sino que afecta a cualquier área de la vida y es la causa de que el inicio de cualquier acción cueste más, aunque sea una actividad que luego resultará placentera o sencilla.

El circuito de recompensa formado por conexiones entre las zonas ya descritas no está debidamente regulado en el TDAH por una alteración en el intercambio de dopamina entre sus neuronas.

Cuando funciona de manera correcta, las personas tienen automotivación para llevar a cabo labores sin que sea necesario obtener una recompensa o gratificación emocional por ello.

Las personas «normales» simplemente hacen lo que tienen que hacer. Sin más.

No obstante, en el TDAH no se genera la suficiente automotivación si no hay una gratificación o recompensa más inmediata o de mayor intensidad. Se necesitan estímulos más potentes para obtener una recompensa.

Y aquí se incluyen los famosos *deadline* o el realizar tareas para los demás buscando la recompensa o la aceptación social. En este último caso, la gratificación será el mero hecho de agradar o demostrar que somos capaces de hacer lo que se espera de nosotros. De evitar a toda costa la vivencia del rechazo o la humillación.

Algo que es inherente a nuestra especie por el hecho de ser sociables, pero que en el TDAH alcanza proporciones muchas veces patológicas por haber recibido desde la infancia comentarios o respuestas despectivas o humillantes.

Esto también explica la necesidad de cambio o de novedad que tiene una persona con este problema. No siempre podemos cambiar de casa o de trabajo, pero sí darle a nuestro cerebro microrrecompensas.

Comprar una nueva libreta o probar una marca diferente de yogures son pequeñas novedades que actúan como microchutes de dopamina. Son muy habituales los pequeños gastos diarios en objetos que no solemos precisar o los cambios continuos en cosas de nuestro día a día, pero que suponen micronovedades.

«Lo he comprado para probar...», ¿te suena?

Por eso, tener TDAH significa estar continuamente luchando contra uno mismo para realizar cualquier tipo de tarea por sencilla que parezca y, al mismo tiempo, aburrirse y buscar la novedad por pequeña que esta sea.

Recuerdo uno de mis primeros pacientes cuando llegó a la consulta por primera vez. Cuando le pregunté la razón de venir al psiquiatra, sencillamente me respondió: «Vengo para que me ayuden a no hacer siempre lo que me apetece». Os podéis imaginar la cara del médico residente que se sentaba a mi lado...

Hablamos de una afectación puramente neurológica de los circuitos de recompensa, que, por desgracia, no podemos objetivar de modo rutinario con pruebas médicas, pero que en investigación es un fenómeno de sobras demostrado (22).

Noradrenalina

El número de neuronas que utiliza la noradrenalina (NA) para comunicarse es relativamente pequeño dentro del intrincado neuronal. Aun así, estas neuronas son esenciales para la supervivencia del organismo, dado que se encargan de mantener el estado de vigilia.

O lo que es lo mismo, se ocupan de que permanezcamos despiertos y atentos a lo que ocurre a nuestro alrededor. Ahí es nada.

A mayor actividad de las neuronas noradrenérgicas de nuestro cerebro, mayor estado de alerta e hipervigilancia.

La peculiaridad de estas neuronas es que también forman parte del sistema nervioso autónomo, que es la prolongación del cerebro a lo largo de todo nuestro cuerpo.

Una parte de este sistema se conoce como sistema simpático, es el que se encarga de activar todos los mecanismos corporales en la reacción de lucha-huida: aceleración del corazón, sudoración, dilatación de la pupila, etc.

Por tanto, este tipo de neuronas y su exceso de actividad están directamente implicados en los estados de ansiedad.

Se ocupan de mantener un estado de alerta, por lo que, si el balance de NA no está bien regulado entre ellas, no podremos mantener la atención sostenida ni ser capaces de detectar adecuadamente estímulos que aparezcan a nuestro alrededor.

Además, el hecho de que estas neuronas se hiperactiven es la causa de los estados de ansiedad o «nerviosismo» y también nos explica los efectos secundarios que muchas veces ocurren cuando utilizamos los tratamientos específicos para el déficit de atención, pues ya hemos visto que no solo hacen su trabajo en el cerebro.

Ahora ya sabes las razones por las que te ocurren cosas como:

- La procrastinación o mal llamada pereza para TODO.
- Empiezas algo con mucha ilusión y te cansas enseguida.
- Lo normal te aburre y lo aburrido te mata.
- Tienes más riesgo de desarrollar conductas adictivas con o sin sustancias —videojuegos, compras, cannabis, etc.—.
- Te cuesta organizar tus prioridades.
- Te entra sueño cuando te aburres.
- Compras lo que no necesitas.

Y esta lista seguro que podría continuar, pero tenemos que seguir destripando el TDAH…

7.2. La atención. ¿Podemos vivir sin ella?

Es muy importante tener presente que la atención es una función básica para la supervivencia de cualquier especie y que el mero hecho de no poder «estar atentos» al entorno que nos rodea nos convierte en presas fáciles desde el momento en el que nacemos.

Estar *empanado* o *vivir en la parra* significa estar en desigualdad de condiciones en la lucha por la supervivencia.

Solo tienes que imaginar qué animalillo será más fácil de cazar por un depredador; si el que está despistado en su mundo comiendo hierba o el que camina alerta a cualquier ruido o movimiento dentro del bosque. Ahora traslada esto al entorno académico o laboral y saca tus propias conclusiones.

En realidad, la atención es un conjunto de mecanismos que nos garantizan la consecución de objetivos necesarios en nuestro día a día.

Sin embargo, aunque nos parezca increíble, la primera descripción que se publicó acerca de los sistemas de atención es relativamente reciente. Hablamos de 1990, cuando todavía las técnicas de neuroimagen estaban desarrollándose y los hallazgos en neuropsicología se basaban en pruebas de comportamiento llevadas a cabo con personas sanas o con lesiones cerebrales.

Ya en aquel momento se describieron tres sistemas diferenciados en el cerebro encargados de los procesos atencionales (23).

El sistema de atención en los humanos está formado
por diferentes estructuras y conexiones entre ellas.
Fundamentalmente, son tres grandes redes que
utilizan distintos neurotransmisores o lenguajes.

1. Red de orientación

Encargada de «dirigir» nuestra atención hacia determinadas localizaciones en busca de estímulos relevantes en cada momento, así como el ajuste de su escala o foco. El cambio de nuestra atención hacia distintos puntos del espacio extracorporal se acompaña habitualmente de movimientos oculares.

Esto es lógico, dado que la fijación de la mirada favorece que la información se perciba en una zona de la retina, la fóvea, donde la agudeza visual es mayor. Aunque también existe la orientación encubierta, que nos permite prestar atención a estímulos sin realizar movimientos oculares.

Por tanto, este sistema es el que se encarga de la atención visual y nos posibilita seleccionar de entre la multitud de estímulos externos que nos rodean aquellos que debemos priorizar en cada instante.

Esta atención visual es un componente muy importante en la cognición superior, dado que, en los humanos, la visión es el sentido dominante.

2. Red de alerta o vigilancia

Esta red tiene dos componentes:

- Exógeno —externo—, que se activa cuando aparece una señal o estímulo externo.

- Endógeno —interno—, que mantiene lo que conocemos como atención sostenida o alerta tónica y que necesitamos cuando realizamos tareas que requieran «estar atentos» durante un tiempo.

La activación de esta red supone la desactivación de otras zonas como el córtex cingulado para que no interfieran estímulos o ideas intrusas mientras requerimos conservar la atención sostenida.

Y aquí es desde donde podemos explicar ese curioso fenómeno de las personas que se concentran mejor escuchando música o con el murmullo de la biblioteca. Esto se debe a que el componente exógeno de esta red atencional modula al endógeno. Es decir, si la alerta atencional hacia el exterior está más activada, no será tan necesaria la activación de la alerta interna para mantener la atención sostenida y esta podrá en cierta manera «relajarse» el tiempo que continúa con su función.

Las conexiones de esta red se realizan mediante la noradrenalina.

3. Red ejecutiva

Esta red utiliza la dopamina como neurotransmisor y comunica nuestro cerebro emocional, las zonas de la recompensa y parte de nuestra corteza prefrontal.

Como buena «ejecutiva», se encarga de resolver conflictos atencionales y de tareas implicadas directamente en nuestra planificación y ejecución diarias:

- Nos facilita atender a los estímulos importantes en cada momento y nos aísla de los innecesarios.
- Controla que los estímulos emocionales no interfieran en nuestra atención.

  Es decir, pone orden en el cerebro emocional impidiendo que recuerdos o emociones nos desvíen de nuestro objetivo atencional en cada momento.
- Se activa cuando somos conscientes de un error en la elección de un estímulo y nos redirige de nuevo hacia el objetivo. Recalcula coordenadas de manera continua.
- Facilita la memoria de trabajo permitiéndonos recuperar información adquirida recientemente.
- Nos ayuda a cambiar de unas tareas a otras cada vez que es necesario redirigiendo nuestra atención.

7.3. El fenómeno de la «mente errante» y la «mente en blanco»

Cuando al principio del libro os contaba que la neurociencia ha tenido un avance espectacular en los últimos veinte años, lo decía de forma literal.

Como muchos de los grandes descubrimientos de la ciencia, la identificación de zonas del cerebro que se activan en situaciones en las que no estamos haciendo «nada» se produjo de modo inesperado a finales del siglo XX —hace nada en realidad—.

Los neurocientíficos cognitivos han investigado durante décadas las respuestas que tiene nuestro cerebro mientras hacemos distintas tareas. Para medir esta actividad, lo que se hace es visualizar a través de técnicas de neuroimagen funcional el gasto de energía que realizan diferentes áreas cerebrales utilizando un código de colores donde el rojo es una gran activación y consumo de glucosa y el verde significa reposo. En estas andaban los científicos hasta que comenzaron a percatarse de que algunas áreas muy concretas del cerebro no se activaban casi nunca cuando los sujetos a los que se observaba experimentalmente llevaban a cabo tareas del tipo que fueran.

No obstante, cuando a estas personas se les decía que no hicieran nada en absoluto, tan solo mirar a una pared, estas áreas comenzaban a mostrar un color sospechosamente rojo. En cambio, cuando se les pedía que volvieran a realizar cualquier labor, aunque fuera pensar en algo, estas zonas volvían a verse de color verde.

Según la constancia de que hay partes de nuestro cerebro que reducen de manera drástica su actividad metabólica durante la ejecución de tareas activas, los investigadores propusieron la existencia de un «modo predeterminado por defecto de función cerebral» al que nuestro cerebro regresa de forma natural cuando no está involucrado en actividades externas que nuestro entorno nos demanda y que requieren nuestra atención.

A las áreas interconectadas entre sí y que se encargaban de este modo de reposo cerebral se las bautizó como «red predeterminada por defecto» o Default Mode Network (DMN), responsables de la actividad de base del cerebro.

Su activación es el origen de toda nuestra actividad cerebral interna. Ya sean pensamientos inconcretos, imaginaciones, reflexiones, rumiaciones, etc., por eso, se conoce a este fenómeno como mente errante o *mind wandering*, no relacionado con la tarea.

Estas redes permanecen activadas siempre y se desactivan cuando pasamos a labores concretas para posibilitar la activación de otras redes encargadas de funciones ejecutivas y que se conocen como redes orientadas a tareas o *task positive network*.

A medida que los cometidos que tenemos que desarrollar se van volviendo más complejos, estas zonas se desactivan de manera automática e inconsciente.

Es decir, lo habitual es que el apagar nuestra mente errante no sea un acto voluntario o consciente cuando necesitamos mantener la atención y hacer múltiples tareas.

Es un intercambio de actividad entre dos tipos de redes que desempeñan labores totalmente antagónicas y que nuestro cerebro tendría que realizar de modo automático.

La DMN es un descubrimiento de la neurociencia bastante reciente, pero está siendo estudiado en profundidad dadas las implicaciones que tiene tanto en las patologías psiquiátricas como neurológicas (24).

La activación de estas redes de «divagación» se puede producir espontánea e involuntariamente o de modo voluntario y controlado.

Esto es lo que diferencia a los lapsos de atención o mente errante en el TDAH de lo que conocemos como soñar despierto —*daydreamers*— o «ensoñación desadaptativa».

Los «soñadores despiertos» se zambullen en su mundo interno de manera voluntaria huyendo así de la realidad externa y generando un mundo paralelo que puede estar funcionando al tiempo que siguen en piloto automático, pero que les impide prestar atención.

En un estudio publicado recientemente, se ha podido ver que entre los soñadores despiertos hay una alta prevalencia de TDAH, pero no al contrario (25).

También se extraen tres diferencias entre el soñar despierto y el fenómeno de la mente errante en el TDAH, que son las siguientes (tabla 2):

Soñar despierto	Mente errante (TDAH)
Voluntario	Involuntario y espontáneo
Consciente —sabes que estás soñando y sigues en piloto automático, pero sin prestar atención real—.	Inconsciente —te das cuenta cuando «vuelves»—.
Contenidos elaborados y con una secuencia.	Pensamientos dispersos, inconexos.

Tabla 2. Diferencias entre *daydreamers* y mente errante (TDAH)

Pero, además de la mente errante, existe otro fenómeno aún más extremo que se conoce como la **mente en blanco**.

En este estado ya no hay ni tan siquiera pensamientos errantes. Sencillamente, no hay NADA en nuestra mente.

Son estos momentos los que nos llevan a una desconexión absoluta de nuestro alrededor y en los que nos quedamos mirando un punto fijo sin pensar en nada.

En la mente errante, nuestra atención se redirige hacia nuestro interior, hacia estímulos internos, que son los pensamientos. En la mente en blanco, la atención no se focaliza en ningún estímulo, ni externo ni interno.

7.4. ¿Y cómo se relacionan el TDAH y la «mente errante»?

Hoy en día, la relación demostrada entre este fenómeno y el trastorno por déficit de atención nos explica muchos de los síntomas para los que hasta hace muy poco tiempo solo encontrábamos como causa la mala educación, la vaguería o la falta de interés (26). Esta hiperactivación de la red de pensamientos internos no relacionados con la tarea que hacemos en ese instante tiene lugar porque el control ejecutivo no es capaz de desactivarla adecuadamente.

Asimismo, hay una dificultad para la sincronización entre las redes que se activan para realizar labores y la desactivación de la mente errante, lo que genera un retardo en ese intercambio. Ese es el tiempo que tardas en «volver» o «bajar de las nubes».

También sabemos que existe una relación entre la actividad de la mente errante y el estado de ánimo.

En estudios recientes llevados a cabo a personas con TDAH, se ha observado que, cuando mostraban un estado de ánimo negativo, la interferencia de sus pensamientos errantes era en forma de rumiaciones o lo que conocemos como «rayaduras». Estos pensamientos, además, son intrusivos, es decir, no son fácilmente controlables y afectan de manera grave al desempeño de las tareas (27).

Esto es de vital importancia en el TDAH y tiene sus consecuencias en nuestra práctica diaria, ya que la depresión es una de las comorbilidades más frecuentes en este trastorno, por lo que la gran mayoría de las veces tendremos que tratar ambas condiciones y entender que neurológicamente están entrelazadas y no son excluyentes la una de la otra.

De esta hiperactivación de la mente errante en las personas con TDAH quizá la característica más grave por las implicaciones que conlleva en el día a día sea la falta de metaconciencia del fenómeno cuando está ocurriendo.

Es decir, la ausencia de conciencia de que nos hemos desconectado hasta que nos volvemos a conectar, que en la mente en blanco es mucho más llamativo (28).

Estos lapsos de atención suponen perder «trozos» de nuestra vida en los que no recordamos lo que ha sucedido y que generan una grave inseguridad y, a la postre, falta de autoestima en la vida.

Depender de los ojos y los oídos de los demás coloca a las personas con TDAH en una situación de vulnerabilidad que muchas veces se traduce en abusos, burlas y una tremenda incomprensión sobre lo que les ocurre.

Las mentes errantes y en blanco se relacionan también con algo que seguro experimentan todas las personas con TDAH: la somnolencia diurna.

Es muy frecuente que a lo largo del día una persona con este trastorno experimente continuamente sueño y pueda dormirse con facilidad en una clase o en el cine. No es falta de interés.

Esta somnolencia continua interfiere de manera significativa en el rendimiento cognitivo más allá de los propios síntomas del TDAH y hasta la fecha no se han podido establecer las causas de esta relación.

La somnolencia diurna es una de las causas por las que en el mundo del TDAH hay una alta ingesta de cafeína en sus diferentes formas: café, Coca-Cola y las indispensables bebidas energéticas.

Muchas veces cuando iniciamos el tratamiento, el sueño de los pacientes mejora de manera radical, y una razón principal es porque ya no necesitan consumir las cantidades de cafeína que antes requerían para funcionar.

Neurológicamente, esta asociación entre los estados de mente errante, mente en blanco y somnolencia se han estudiado midiendo la actividad cerebral con electroencefalografía de alta densidad, lo cual ha permitido apreciar un hecho sorprendente: el cerebro genera la misma actividad cuando comenzamos a dormirnos estando despiertos como cuando nuestras mentes se van.

Existe un estado llamado sueño local que es una transición hacia el sueño mientras estamos despiertos tanto fisiológica como conductualmente, que genera una actividad en zonas concretas de nuestro cerebro conocida como «ondas lentas de gran amplitud». Este fenómeno es distinto al que aparece cuando nuestro cerebro entero entra en el sueño de forma global. Pues bien, tanto este estado de estar «medio dormidos» y las mentes errantes y en blanco parece que son muy semejantes en lo que a nuestro funcionamiento cerebral respecta (29).

Ahora te resultará más fácil comprender por qué se producen esos lapsos de atención en los que «nos hemos ido» sin darnos cuenta.

Por eso, aunque hayas llegado a la reunión con tu jefe totalmente decidido a escucharle de principio a fin, a los diez minutos ya te has desconectado. Igual que cuando estabas en el instituto y no podías coger apuntes por más que te lo propusieras.

Pero lo grave es que la mayoría de las veces no eres consciente de ello. Es decir, «no te enteras de que no te enteras», y esto hace que no puedas prever cuándo te vas a desconectar.

Además, no puedes «regresar» rápidamente, sino que tu cerebro se toma unas décimas de segundo más que el de tu compañero de clase.

Ahora puedes entender por qué, cuando el profesor te decía que siguieras leyendo y su voz te traía de vuelta al presente, eras incapaz de reconectarte de inmediato. Se te «helaba» la sangre porque otra vez te había vuelto a suceder y de nuevo te habías puesto rojo como un tomate.

Cuando eres un adulto, la consecuencia de estas situaciones repitiéndose a lo largo de tu vida en cualquier contexto ha contribuido a que de manera involuntaria tu sistema simpático —si recuerdas, es el que se activa cuando tenemos miedo o nos sentimos en peligro— esté siempre hipervigilante.

Esto te produce síntomas de ansiedad. Tu sistema de alerta continuamente activado es lo mismo que decir que tienes estrés.

Por último, es importante conocer la relación entre cefaleas y, en especial, las migrañas con el TDAH, la cual está comprobada desde hace años y comienza en la edad pediátrica (30).

La presencia de migrañas es un síntoma que siempre hay que investigar, sobre todo, cuando comienzan en los niños o adolescentes, pues pueden ser el primer signo de alarma de un TDAH sin diagnosticar.

Tu cerebro consume una cantidad de energía y recursos mucho mayor de los que gastaría en condiciones normales.

Esto ocurre porque las áreas que se encargan de mantener tu atención y todas tus funciones ejecutivas reciben un menor aporte sanguíneo y, por tanto, de oxígeno y nutrientes, mientras que las zonas que generan las distracciones están hiperactivadas y les llega más sangre.

Por eso, cuando iniciamos el tratamiento, ayudamos a tu metabolismo cerebral a equilibrarse y a ahorrar recursos energéticos disminuyendo la cantidad de glucosa que requiere para realizar sus tareas (31).

8

Hiperactividad e impulsividad: viviendo deprisa

> No juzguéis para que no seáis juzgados. Porque seréis juzgados como juzguéis vosotros, y la medida que uséis, la usarán con vosotros.
>
> Mateo 7, 1-5

Cuando alguien a nuestro alrededor se mueve o habla sin parar, suele resultarnos molesto. Los niños «muy movidos» alteran el ritmo de las clases y agotan a padres y profesores. Los adultos hiperactivos hacen todo muy deprisa, muchas veces sin fijarse y necesitan estar en movimiento casi continuamente, incluso durmiendo.

La hiperactividad es un síntoma que «molesta». Por eso es el primero que se identifica. También lo es la impulsividad. Una seña de identidad de estas personas es que pueden pasar de cero a cien en décimas de segundo. Tienen serias dificultades para controlar sus impulsos, ya sea para bien o para mal.

Este quizá se convierte en el problema más importante a la hora de conseguir sus metas en la vida.

Hiperactividad e impulsividad juntas son una combinación mortal.

No tienen por qué presentarse de una manera muy evidente en una misma persona, pero ambas son la manifestación visible del fracaso de los sistemas inhibitorios de nuestro cerebro para controlar nuestro propio cuerpo y nuestras acciones. Es como si tus brazos, tu boca o tus piernas fueran por libre.

**Actúas antes de pensar
y piensas después de actuar.**

Pero ¿qué ocurre cuando la hiperactividad no está presente?, ¿existe un TDAH sin hiperactividad?, ¿todas las personas con TDAH son impulsivas?

8.1. Hiperactividad: ni blanco ni negro

Clásicamente, se ha asociado el TDAH con los niños varones hiperactivos. Esos niños «terremoto» que no hay modo de que se mantengan sentados o que siempre están corriendo, tocándolo todo y hablando o gritando de forma desaforada.

A este respecto, es fundamental tener claras las siguientes cuestiones:

1) La hiperactividad no siempre es evidente

La dificultad que presentan algunas personas para controlar su propio movimiento corporal puede ir desde las formas más llamativas y molestas para el entorno hasta las más sutiles e inapreciables, incluso para la propia persona que las experimenta.

A medida que los seres humanos nos vamos desarrollando, adquirimos la capacidad de controlar nuestros propios movimientos y acciones corporales.

Cuando los bebés acaban de nacer, tienen movimientos involuntarios en brazos y piernas. Son una especie de sacudidas que realizan involuntariamente y que tienen lugar porque su sistema de control motor todavía no ha empezado a desarrollarse.

El cerebro humano madura hasta el punto de poder dar las órdenes necesarias a nuestro cuerpo para que se active o se desactive en función de nuestras circunstancias y necesidades.

Un niño de siete años tendrá siempre más dificultades que un adulto para permanecer sentado o callado durante un periodo de tiempo. Esto es completamente normal y se debe a que el autocontrol sobre nuestro propio cuerpo y nuestras acciones es una función que avanza con nuestro neurodesarrollo y que vamos adquiriendo con la edad y el aprendizaje.

La capacidad de frenar nuestros movimientos y controlar lo que hacemos tiene que ver, como ya supondrás a estas alturas, con las conexiones que se dan entre diferentes zonas de nuestro cerebro encargadas de estas funciones; la gran mayoría hablan el lenguaje de la dopamina.

Si estas conexiones no se activan adecuadamente, el resultado es que nuestro cerebro no manda las órdenes a nuestro cuerpo diciéndole cuándo puede o no moverse.

Los estudios de neuroimagen funcional realizados en niños y adultos con TDAH frente a la población sana han mostrado que estas conexiones no se activan cuando es necesario o lo hacen de manera insuficiente (32).

Pero, además, y para complicar las cosas, el desarrollo de estas funciones y zonas cerebrales va retrasado respecto a la población general de su misma edad.

Todo esto se traduce en dos hechos que observamos a diario tanto en niños como en adultos, ya sean hombres o mujeres:

- En los niños y adolescentes con TDAH, la edad cronológica no va acorde con la edad madurativa de su cerebro, por lo que siempre estarán en desventaja frente a sus iguales hasta que su neurodesarrollo se complete.
- Una vez madurado su cerebro, aunque este aspecto haya mejorado más tardíamente, seguirán teniendo problemas para controlar acciones corporales.

En unos casos continuará la hiperactividad evidente de todo el cuerpo. En otros, les delatará el movimiento continuo de una pierna.

Y en los más sutiles, aunque serán capaces de permanecer sentados si la situación así lo requiere, los verás cambiar de postura con frecuencia, morderse las uñas, tocarse la cara o el pelo, tener algún objeto entre las manos, hacer garabatos en un papel o, simplemente, mover los dedos sin apenas «molestar».

2) La hiperactividad no solo es cosa de hombres.

Las mujeres también tienen un componente hiperactivo que se manifiesta a nivel sintomático del mismo modo que en los varones. No poder permanecer sentado por tiempos prolongados o necesitar moverse continuamente es algo común tanto en hombres como en mujeres que presentan TDAH.

Sin embargo, lo que suele ocurrir es que un niño hiperactivo presenta conductas más disruptivas o externalizantes a lo largo de su desarrollo.

En un principio y durante la infancia, algunas conductas siguen siendo aceptadas y normalizadas en los varones por el mero hecho de serlo. Pero el cóctel de la adolescencia con la influencia de la testosterona —hormona predominantemente masculina—, junto a factores sociales y culturales propios de la cultura del género, coloca a nuestros chicos hiperactivos en el disparadero.

La obligación que tienen nuestros niños cuando crecen de continuar desempeñando el rol de machos «fuertes y duros» o la normalización de actitudes agresivas en algunos entornos masculinos hacen que estos varones, a medida que alcanzan la edad adulta, terminen viéndose involucrados en situaciones que muchas veces implican a terceros, puesto que, aparte de la hiperactividad, la impulsividad está siempre presente.

Esto hace que al final terminen saltando las alarmas y que, aunque sea por diferentes canales, lleguen antes a los circuitos profesionales y reciban ayuda.

Por el contrario, en las mujeres la hiperactividad equiparable a la de los varones por su forma de expresión suele traducirse en niñas y mujeres que hablan mucho o muy rápido, que van corriendo de un lado a otro, que se tropiezan o que cambian de postura constantemente.

Y por las mismas cuestiones sociales estas niñas suelen ser tachadas de maleducadas o descaradas, de cotorras o insoportables. Son vistas y juzgadas desde un prisma social.

Al igual que sus pares masculinos, pero de modo totalmente distinto por su propia idiosincrasia, con la pubertad y el desarrollo hormonal, estas niñas comienzan a presentar serios problemas para regular sus emociones y sus conductas.

En ellas confluyen los cambios hormonales propios de la mujer a lo largo de cada ciclo menstrual junto a la dificultad extra que implica el propio TDAH para la autorregulación motora y emocional.

A diferencia de los varones, estas niñas tienden más a internalizar sus emociones. Sus miedos, su frustración o su ira se manifiestan a través de cuadros depresivos, de ansiedad o, en los casos más graves, en la evolución hacia formas de personalidad patológicas. Su hiperactividad asociada a su impulsividad y el bamboleo hormonal y emocional al que se ven sometidas deben, además, ajustarse a los estándares sociales y culturales que aún hoy se imponen a la mujer.

Difícil misión la que afrontan nuestras adolescentes más hiperactivas, pues, si nadie lo remedia, estos esbozos de mujer están abocados a colocarse en situaciones de riesgo o indefensión por su falta de autocontrol (33). Aun con todo, la presencia de un mayor componente hiperactivo suele facilitar un diagnóstico más temprano, al igual que con los varones.

La tragedia son nuestras niñas «inatentas». Las que no molestan porque no se mueven nunca. Pero que, si las observas al fondo de la clase, probablemente se estén mordiendo las uñas, tocándose el pelo o moviendo la pierna por debajo de la mesa.

La presencia de un componente hiperactivo más marcado en una persona con TDAH supone un factor agravante tanto en hombres como en mujeres. La diferencia radica en que las mujeres somos mucho más vulnerables y seguimos estando más expuestas al abuso y la violencia que los hombres.

8.2. Impulsividad

La definición técnica de impulsividad en neurociencia es una predisposición por reaccionar inesperada, rápida y desmedidamente ante una situación externa que puede resultar amenazante. Pero también ante un estímulo interno, propio del individuo, sin una reflexión previa ni tomando en cuenta las consecuencias de nuestros actos.

La impulsividad como tal es un síntoma. Es una expresión sintomática que no aparece exclusivamente en el TDAH. Existen otras entidades médicas donde también se muestra presente.

Hasta hace poco, en las clasificaciones diagnósticas de psiquiatría teníamos como entidad propia y diagnosticable el trastorno por control de impulsos. Es decir, si teníamos delante a una persona que presentaba una marcada impulsividad, directamente podíamos diagnosticarle este trastorno y no plantearnos más allá, ni el origen de este descontrol ni si formaba parte de una entidad más compleja, pues era de tal calibre que en sí mismo este síntoma conformaba un diagnóstico.

Como podéis ver, la impulsividad es algo muy grave y que supone un deterioro en la funcionalidad y en la calidad de vida de las personas que la presentan.

Hoy en día, sabemos que en el TDAH es uno de los síntomas cardinales y que, junto con el resto de los síntomas, conforma la propia entidad. Pero vamos a verla con algo más de detenimiento.

La impulsividad es multidimensional y consta de dos variantes:

1. Impulsividad de respuesta rápida.
2. Impulsividad de demora de recompensa o también llamada impulsividad de elección.

Las decisiones se toman a menudo en función de qué opción resultará en la mayor recompensa. Sin embargo, cuando se les da a elegir entre una recompensa más pequeña pero inmediata y una recompensa retrasada más grande, los humanos y los animales suelen escoger la más pequeña, un efecto conocido como descuento temporal, y significa que una recompensa pierde su valor en función del tiempo.

La neurotransmisión de dopamina es fundamental para el procesamiento de la recompensa y codifica el valor de la recompensa retrasada. La impulsividad, la tendencia a actuar sin premeditación, se asocia con un descuento temporal excesivo de las recompensas y está fuertemente asociada al TDAH.

La alteración de los receptores de dopamina —en concreto los D2— en el núcleo accumbens —que, como recordarás, es una zona de nuestro cerebro clave a la hora de gestionar y experimentar la recompensa— se ha comprobado desde hace años en las personas con TDAH, pero también en las que presentan conductas adictivas.

La elección de recompensas rápidas es algo característico en ambas patologías y es una de las razones por las cuales se presentan asociadas con tanta frecuencia.

En un artículo publicado de revisión sistemática, se analiza cómo diferentes fármacos y sustancias modulan este descuento temporal aumentándolo o disminuyéndolo.

Es destacable que la administración de hormonas como la testosterona o la activación del eje hipotálamo-hipofisario-adrenal que aumenta la liberación de cortisol en situaciones de estrés generó en las personas estudiadas mayor impulsividad y una preferencia por las respuestas rápidas mientras que la d-anfetamina ocasionó el efecto contrario, por su modulación, y llevó al aumento de la dopamina en las sinapsis implicadas en la recompensa (34).

9

TDAH y emociones

Que fea bestia es el simio y cuánto se parece a
nosotros.

MARCO TULIO CICERÓN (106 a. C. - 43 a. C.)

Desde hace algunos años estamos muy habituados a escuchar
términos como gestión emocional, intolerancia a la frustración
o inteligencia emocional, entre otros.

Seguramente, si a ti o a alguien de tu familia os han diagnosticado TDAH, sabrás de primera mano el gran inconve-
niente que supone en este trastorno la regulación emocional
y la baja tolerancia a las situaciones que nos frustran. Esto
tiene su expresión más gráfica en las rabietas, las conductas
disruptivas o las explosiones emocionales cuando hay una
contrariedad por pequeña que esta sea.

Aunque no todo es siempre explosivo. La dificultad para
regular emociones también tiene una cara más sutil y mucho

menos evidente. Es lo que llamamos el carrusel emocional o estados emocionales rápidamente cambiantes. Pero lo más complicado no es este hecho en sí, sino la incapacidad real para evitar que suceda y las consecuencias que genera.

¿Os suena la frase «a ver cómo se levanta hoy...»?

Si algo no ha salido como esperabas, te has sentido desplazado o has vuelto a olvidarte de comprar papel higiénico, el malestar y la angustia que te persiguen durante todo el día son como el chapapote pegado a tus zapatos.

Y si algo te motiva o te sorprende, puede que te dure poco esa emoción, pero ten por seguro que te costará disimularla.

Con toda probabilidad, habrás oído muchas veces a lo largo de tu vida que eres transparente... Y es que realmente lo eres.

Aunque en los criterios diagnósticos no se contempla este problema, la evidencia científica y la clínica diaria nos muestran desde hace tiempo que el obstáculo para procesar las emociones, al igual que en otras patologías, es un síntoma muy presente en las personas con TDAH.

Y no solo eso, sino que el procesamiento emocional está implicado en el trastorno de la misma manera que la propia atención o el resto de las funciones ejecutivas.

Pero ¿sabemos en realidad a qué nos referimos cuando hablamos de emoción?, ¿qué es la gestión emocional?, ¿qué tienen en común las dificultades de atención o la motivación con nuestras emociones? En resumen, ¿qué tiene que ver el TDAH con las emociones?

9.1. Emoción y sentimientos

Etimológicamente, la palabra emoción deriva del término en latín *emotio, emotionis*, del verbo *emovere*, formado por el prefijo *e/ex* —«de, desde»— y *movere* —«mover, trasladar»—. Por tanto, el significado literal de emoción sería «mover desde», «trasladar», «desalojar», «sacar de un sitio»... Una emoción nos saca de nuestro estado habitual y nos mueve hacia otro diferente.

Desde el punto de vista neurocognitivo, las emociones son patrones de conducta predeterminados que se desencadenan de un modo preconsciente. Es decir, sin que lo decidamos voluntariamente.

No tenemos control real sobre nuestras emociones, son como resortes que surgen según nuestras experiencias y aprendizajes previos y la situación en la que nos encontremos. Pero lo que sí podemos en teoría controlar es lo que viene después de la emoción: los sentimientos.

Un sentimiento es el resultado del paso de nuestras emociones por el filtro racional o de control.

Aunque este proceso puede ocurrir en décimas de segundo, que se realice o no adecuadamente es lo que determinará nuestras acciones y las consecuencias que se deriven de ellas.

Cuando se empezaron a estudiar, se describieron seis emociones básicas: ira, miedo, alegría, tristeza, sorpresa y asco.

Pero, en la actualidad, a la luz de las investigaciones, sabemos que la combinación de estas seis emociones básicas se traduce en más de veinte distintas.

Además, la conceptualización de emoción positiva o negativa en sí misma desvirtúa su propio concepto, puesto que las emociones son desde el punto de vista biológico sencillamente imprescindibles y necesarias para la supervivencia. Ni buenas ni malas.

El problema es cuando, lejos de contribuir a que nos adaptemos a nuestro entorno, nos «dominan» y se escapan del filtro y control que debemos tener sobre ellas.

Y eso es justo lo que les ocurre a las personas con TDAH.

Todos los humanos tenemos emociones, pero
no todos somos capaces mantenerlas a raya
y transformarlas en sentimientos adaptativos.
Pero ¿de dónde proceden estas emociones y por
qué nos condicionan tanto nuestra vida?

9.2. El cerebro emocional

Seguro que has experimentado alguna vez lo mal que se pasa cuando nos ocurre algo que despierta en nosotros emociones como la ira o la tristeza y cómo ese día nuestro estado de ánimo puede llegar a afectarnos tanto que somos incapaces de pensar en otra cosa. Nos rayamos. Nuestra emoción nos inunda y monopoliza todos nuestros pensamientos. «Nos da el bajón» y todo se vuelve negro. Por el contrario, si nos sentimos alegres y motivados, todo se hace más fácil, la mente se calma y nos sentimos invencibles. Tomamos decisiones y nos lanzamos a por todas.

También hemos experimentado sobresaltos o reacciones instintivas ante estímulos que nos recuerdan circunstancias pasadas de un modo totalmente inconsciente.

Ahora imagínate esto elevado a la enésima potencia y en niveles extremos. Y ya para rematarlo, piensa en estos estados emocionales cambiando de uno a otro en cuestión de horas o minutos...

Esto es porque inicialmente y en cualquier situación que nos encontremos, nuestros sentidos —vista, oído, tacto, gusto y olfato— captan la información exterior y la transmiten de forma inmediata hacia zonas de nuestro cerebro que actúan como estaciones en el procesamiento emocional y dan respuestas acordes.

Es importante entender el hecho de que, aunque la especie humana haya desarrollado sistemas de control emocional a lo largo de los siglos para, entre otras cosas, crear culturas y civilizaciones, los humanos seguimos teniendo nuestro cerebro emocional.

Las reacciones instintivas tienen que continuar ayudándonos a seguir vivos y a permanecer integrados en nuestras tribus.

Otra cosa es que nuestros sistemas de control fallen y que cualquier impedimento para que se ejerza este control, ya sea un TDAH o cuatro litros de cerveza, desbaraten nuestros planes.

El viaje que recorren los estímulos recogidos por nuestros sentidos tiene dos etapas. Aunque aquí se describen por separado, en realidad, ocurren en cuestión de milisegundos.

La primera estación donde para la información es el tálamo, una estructura que unifica todo lo que nuestros sentidos han captado y la envía de inmediato hacia el sistema límbico o cerebro emocional.

Esta parte de nuestro cerebro, como ya vimos en capítulos anteriores, se compone fundamentalmente de dos estructuras, el hipocampo y la amígdala. Ambas están «compinchadas» en la gestión y respuesta emocional.

Cuando la amígdala recibe la información genera emociones o respuestas rápidas en función de lo que pase a nuestro alrededor y la supuesta respuesta que deba darse.

Y aquí es donde interviene el hipocampo. La caja negra en la que se almacenan nuestros recuerdos, donde todo se graba. La hemeroteca de la que la amígdala toma la información almacenada para reaccionar cuando le llega un estímulo. Y su relación es bidireccional.

El hipocampo graba recuerdos que, si se vinculan a una emoción generada desde la amígdala, persisten durante años. A su vez, la amígdala «tira de memoria histórica» en el hipocampo para saber cómo reaccionar y qué orden enviar cuando nota un estímulo parecido o igual a aquel que generó un recuerdo asociado a una emoción en otro momento.

Y todo ello tiene que ocurrir en escasos milisegundos porque, evolutivamente, ante una situación que requiere una respuesta inmediata, nuestro cerebro manda de avanzadilla las primeras patrullas.

La amígdala envía órdenes a todo nuestro cuerpo por si hay que salir corriendo o abrazar hasta ahogar a nuestro hijo cuando vuelve por Navidad.

Pero, entre tanto, la misma información ha viajado desde la amígdala hasta nuestra corteza prefrontal donde está siendo sopesada y evaluada, y entran en juego las funciones ejecutivas en todo su esplendor.

Necesitamos tener a punto la memoria de trabajo, la atención y la inhibición o control para poder organizar, seleccionar y procesar —muchas veces en décimas de segundo— toda la información que nuestros sentidos captan.

Una vez pasado este «filtro» —sí, este es el famoso filtro—, la información se devuelve de nuevo al sistema límbico, pero esta vez depurada y proporcionada a los estímulos que hemos recibido para que, ya desde aquí, se lancen las instrucciones necesarias tanto a nuestro sistema nervioso autónomo como a nuestro eje hipotálamo-hipofisario-adrenal, que es el encargado de regular sustancias como el cortisol o las hormonas tiroideas.

Igual no hay que salir corriendo o el abrazo a nuestro pequeño no tiene por qué asfixiarlo. El problema es que en algunas personas esta información llega tarde.

Como habrás deducido, que estos circuitos estén siempre a punto marca la diferencia entre el caos o la calma.

Además, sabemos cosas tan sorprendentes, en especial de la amígdala, como que:

- Está hiperactivada en los estados de ansiedad y, por tanto, lanza más señales que activan nuestro sistema de alerta.
- El estrés crónico incrementa la ramificación de las dendritas neuronales que la conforman —recordemos que las dendritas eran la vía de entrada de la información

a nuestras neuronas—. Es decir, la alimenta y se hace más potente en su función.

• En la medida que se inactiva, dejamos de sentir miedo. Es más, en experimentos hechos en animales cuando se les ha extirpado la amígdala, no solo han dejado de tener miedo, sino que han olvidado las situaciones en las que se han visto en peligro y las han repetido.

9.3. TDAH y autorregulación emocional

La autorregulación emocional es un fenómeno complejo por el que las personas modulamos nuestras emociones para dirigir un comportamiento hacia una meta que sea acorde con nuestros intereses.

Como hemos visto, esto sucede mediante una serie de procesos que permiten al individuo seleccionar, prestar atención y evaluar con flexibilidad los estímulos emocionalmente excitantes.

Toda esta secuencia desencadenará respuestas conductuales y fisiológicas que podemos modular de acuerdo con nuestros objetivos.

Y esto es posible hacerlo en décimas de segundo porque tenemos recuerdos de circunstancias previas similares y porque nuestro sistema de atención funciona como debe.

Distinguir adecuadamente los estímulos que nos rodean, acallar las interferencias que nuestra propia mente produce o actuar sin esperar una recompensa inmediata son acciones que se conjugan con el procesamiento emocional que acabamos de ver. Y todo ello con un solo fin: que nos vaya bien la vida.

Como ves, se trata de un engranaje perfecto entre todos los factores que hemos ido viendo hasta ahora.

Cuando estos procesos adaptativos en lo que respecta al procesamiento emocional se ven afectados por la causa que sea, aparece lo que conocemos como desregulación emocional. Esta desregulación se puede manifestar mediante:

- Expresiones o experiencias emocionales que son excesivas en relación con la norma social o cultural o inapropiadas para el contexto.
- Cambios rápidos y mal controlados de la emoción o lo que conocemos como labilidad.
- Desvío anómalo de la atención a los estímulos emocionales, es decir, no poder evitar que las emociones desvíen nuestra atención.

Desde hace tiempo existe evidencia de que la desregulación emocional aparece de forma temprana en los niños con TDAH. También la irritabilidad temperamental y la ira se han asociado como una característica que se muestra frecuentemente desde la infancia. Aunque estas no se presentan en todos los perfiles de niños y adolescentes con TDAH, los estudios aseguran que un alto nivel de afecto negativo e irritabilidad pueden aumentar la vulnerabilidad a otros problemas concurrentes, como el comportamiento negativista, desafiante y la depresión.

La deficiencia en la memoria de trabajo y la falta de atención o los lapsos atencionales van a predecir el desarrollo de sentimientos de ineficacia e inutilidad personal y a contribuir al desarrollo de una depresión.

Las personas con TDAH tienden a tener mucha más actividad de la mente errante y más dificultad para desviar pensamientos negativos, lo que también contribuiría a la aparición de la depresión.

De modo paralelo, la hiperactividad y la impulsividad motivan también al desarrollo de la depresión por el aumento de problemas interpersonales y la autoestima negativa (35).

Según las investigaciones más recientes, las implicadas en el TDAH serían tres redes neuronales y todas sus conexiones.

Su mal funcionamiento o conectividad anómala podrían ser el origen tanto de la desregulación emocional como de los déficits motivacionales y ejecutivos. Y, en su conjunto, unas condicionarían a otras (36).

Pero, en concreto, son las conexiones entre la corteza orbitofrontal y el sistema límbico o cerebro emocional las que regulan nuestra expresión emocional por medio del control que se ejerce desde la corteza.

Cuando no se envían señales inhibitorias o silenciadoras a nuestro cerebro emocional, este puede llegar a activarse poderosamente, de tal manera que las emociones no pueden ser filtradas o controladas.

Como ves, el tema de la regulación emocional es fundamental para entender a las personas con TDAH, y es uno de los factores que más dificultades y consecuencias negativas nos trae.

Sin embargo, en las clasificaciones diagnósticas sigue sin hacerse mención de ella, aunque es una afectación muy característica en este trastorno y condiciona la evolución de los afectados ya desde la infancia.

10

¿Y ahora qué hacemos?
Tratar, tratar y tratar

> Locura es repetir una y otra vez lo mismo
> esperando obtener resultados diferentes.
>
> ALBERT EINSTEIN

Estamos en el décimo capítulo y se nos quedan muchas cuestiones en el tintero, pero estas excederían el objetivo de este libro.

El TDAH y su relación con la mujer. Toda la fisiología femenina desde el punto de vista endocrino y ginecológico. También cómo pueden solaparse sintomatologías y diagnósticos con el espectro autista.

Hablar de la relación entre las altas capacidades y el TDAH merecería varios capítulos aparte…

Cuestiones como los roles femenino y masculino en la sociedad en distintos instantes históricos con relación a la sintomatología del TDAH sería un tema que daría para analizar pormenorizadamente.

No obstante, el objetivo de esta obra, como ya expliqué al inicio, es que cualquier persona con un mínimo interés en conocer desde el punto de vista médico el trastorno por déficit de atención e hiperactividad lo pueda comprender de una forma sencilla —y espero que amena—.

Entender por qué las personas con TDAH se comportan de unas determinadas maneras o tienen diferentes problemas, los cuales, si no conoces su origen, te resultan muchas veces del todo incomprensibles.

Y una vez visto en qué consiste el trastorno y las dificultades que genera, lo lógico que cabe pensar es que las personas que tienen esta condición necesitan un tratamiento para tener una vida funcional, normalizada y, en definitiva, lograr sus objetivos al igual que el resto para no estar en desigualdad de condiciones.

Sin embargo, el tema del tratamiento es, más allá de si la entidad diagnóstica existe como tal, probablemente, el meollo del asunto y del que se derivan —creo—, bajo mi punto de vista después de años tratando a personas con TDAH, casi todas las cuestiones, todos los interrogantes y, en definitiva, muchos de los problemas asociados con este trastorno.

Sobre el tratamiento del TDAH se han vertido ríos de tinta —en los últimos años de manera digital—.

¿Y por qué? Porque el tratamiento son drogas. Tal cual. Y es natural pensarlo. Nadie quiere drogarse ni drogar a sus hijos, aunque sea bajo prescripción médica. Es evidente que, si a una madre o un padre le dicen que el trastorno de su hijo hay que tratarlo con una anfetamina o a ti mismo como adulto te lo plantean, probablemente, te surjan muchísimas dudas, incluso no se lo administres a tu hijo por miedo a que desarrolle adicción o que le afecte de manera negativa.

Aun así, las guías clínicas y los consensos mundiales nos dicen que el tratamiento de primera línea son los fármacos estimulantes: metilfenidato y lisdextroanfetamina.

Y, como segunda opción, existirían otros fármacos llamados no estimulantes como la atomoxetina.

Vamos a explicar por qué utilizamos drogas como tratamiento. Pero antes de seguir... ¿Sabemos qué es una droga?

Revisemos lo que nos dice la OMS: «Droga es toda sustancia terapéutica o no que, introducida en el organismo por cualquier vía de administración (inhalación, ingestión, fricción, administración parenteral, endovenosa), produce una alteración, de algún modo, del natural funcionamiento del sistema nervioso central del individuo y es, asimismo, susceptible de crear dependencia, ya sea psicológica, física o ambas, de acuerdo con el tipo de sustancia, la frecuencia del consumo y la permanencia en el tiempo».

Este concepto se lo enseñamos a los alumnos de quinto de Medicina en la asignatura de Psiquiatría y es un principio básico que no hay que perder de vista.

Sean terapéuticas «o no», nos dejan claro entonces que todas las sustancias que se emplean para cualquier otra patología y con efectos en el sistema nervioso son drogas entonces. Eso no vamos a discutirlo, obviamente, ¿no? Pero parece que nadie se lo plantea.

La cafeína, la nicotina o la teína también son, según esta definición, drogas, y lo mismo, nadie cuestiona su uso, ¿verdad?

Si tienes ansiedad o estás durmiendo mal, te dan un Lexatin o un Orfidal, te lo tomas y tan tranquilo porque te lo ha dado tu médico de cabecera, tu vecina o tu hermana, y además, es «suavecito».

Si a tu abuela se le ha roto la cadera con ochenta años y le duele todo, le ponemos el parche de morfina, que le va fenomenal y todos tan contentos.

¿Sabéis la cantidad de adictos que hay en el mundo a las drogas legales? Y no hablo de pacientes psiquiátricos.

Probablemente, no te has parado a pensar que la morfina, la codeína o el tramadol, fármacos de uso habitual y derivados opiáceos, tienen su versión ilegal en la calle y se llama heroína.

El cannabis ha demostrado de manera sobrada que sin el tetrahidrocannabinol (THC), que es el cannabinoide con acción psicotrópica de la planta de la marihuana, es una sustancia medicinal que regula todo nuestro sistema natural cannabinoide y nos ayuda a controlar desde el dolor hasta la ansiedad o el hambre. De hecho, ya existe un fármaco de uso en neurología formulado con cannabis.

En la calle se compran y se venden sin pudor hachís y marihuana. Todo el mundo lo asume e, incluso, se consideran «drogas blandas».

En el caso de las anfetaminas ocurre justo lo mismo. Ilegalmente, se consumen a diario éxtasis o M —de MDMA—, speed o cristal. Todos compuestos anfetamínicos. Nuestros jóvenes los engullen en las discotecas sin ninguna conciencia del riesgo que supone una sobredosis o la adulteración que pueden tener todos ellos.

Y formuladas específicamente para evitar abuso o dependencia, los alquimistas de la industria farmacéutica han desarrollado la lisdextroanfetamina y antes el metilfenidato en sus formulaciones retardadas o de liberación prolongada. Si te paras a pensarlo, todo es lo mismo. Pero el solo nombre de la «anfetamina» a todo el mundo le da miedo.

Cuando los psiquiatras o los neurólogos te prescribimos un tratamiento con el que vas a empezar a conseguir logros, ganar poco a poco algo más de seguridad en ti mismo y que te va a ayudar a que puedas poner algo de orden en tu cabeza, nos acusan de que te estamos drogando.

Y no solo eso, sino que lo más probable es que, si no te tratamos a tiempo el trastorno, terminarás buscando tú solito el alivio instintivamente en las otras drogas, legales, ilegales o sin sustancia. Eso ya depende de muchos factores. Chocolate, cerveza, compras, sexo, cannabis, ansiolíticos… El mismo perro con diferente collar. Que no se te olvide este concepto.

Y sí, llegados a este punto habrá quien esté diciendo que no es lo mismo el tipo de sustancias que se usan para tratar el TDAH que las que se utilizan para otras enfermedades. Y que cualquiera que consuma estimulantes —metilfenidato o anfetamina—, aunque no tenga un TDAH, va a funcionar mejor y a rendir más.

Pues bien, debo deciros que los fármacos que se emplean para tratar el TDAH ayudan a las personas que realmente tienen el trastorno y que, si no tienes un TDAH y tomas estos fármacos con otra finalidad, lo más probable es que solo obtengas el efecto euforizante o el insomnio, que es lo que se busca con estas sustancias en sus versiones ilegales —MDMA o cristal, por ejemplo—.

La explicación es muy sencilla. A un cerebro con TDAH los estimulantes tomados de forma controlada y bajo prescripción médica lo único que le hacen —que ya es bastante— es regular y ajustar las transmisiones de la dopamina y la noradrenalina logrando que el cerebro funcione con normalidad y reestableciendo un equilibrio neuroquímico que vino mal ajustado de serie. Mientras que a una persona que no tiene TDAH esas sustancias, por decirlo para que se entienda, «le sobran» y corre el riesgo de abusar de ellas buscando esa subida o high.

Todavía no conozco a ningún paciente, salvo algún caso excepcional, que abuse de su tratamiento o que no haya dejado de tomarlo a temporadas por distintas razones sin que esto le haya supuesto más problema que el de volver a su estado original.

Es más, la mayoría de nuestros adolescentes o adultos jóvenes son reacios a tomarlos y muchos abandonan la medicación a pesar de que se arriesgan a empeorar su rendimiento académico, laboral o social.

¿Y sabéis por qué suelen abandonar en gran parte el tratamiento? —No olvidéis en este punto que estamos

hablando de «drogas estimulantes» y «muy adictivas»—.
Pues, aparte de otros efectos secundarios que pueden aparecer, como pérdida de apetito o insomnio, que no vamos a
negar que existen, un gran porcentaje lo hace porque les
frena su espontaneidad —esto es, control de la impulsividad—, los deja con sensación de mayor lentitud —control
del desajuste motor— o hace que se repleguen más en sí
mismos —no hablar tanto e interrumpir— y que se hiper-
concentren —mejora de la atención sostenida—, algo que a
muchas de las personas que tienen TDAH les resultan sen-
saciones muy ajenas y por ello las rechazan. Hay a quienes
les ayudan a dormir...

No os voy a negar tampoco que hay personas con TDAH
a las que estos fármacos les generan más inquietud y nerviosismo y, en ese caso, hay que retirarlos y buscar alternativas,
pero también es cierto que, en el mundo de los adultos, el
componente de la ansiedad, las exigencias diarias y los con-
sumos de cafeína y tabaco pueden afectar a la respuesta que
se tiene al propio fármaco.

Pero, en general, el asunto de que las drogas estimulantes
ejerzan ese efecto conocido como «paradójico» en determinadas personas y en otras no da que pensar, ¿verdad?

Quizá sí que existen cerebros con otra configuración y
otra manera de funcionar y negarlo es como negar que exista
el Polo Norte porque tú no lo conoces.

Y tal vez, si tenemos un tratamiento que sabemos a ciencia cierta —nunca mejor dicho— que las puede ayudar y
mejorar su calidad de vida controlando parte de los síntomas,

sería muy necio por nuestra parte no darles esa oportunidad refugiándonos en la doble moral, ¿no te parece?

El tratamiento farmacológico en el TDAH es el primer paso de una andadura a lo largo de la vida y que siempre debe ir de la mano de un apoyo terapéutico específico y del conocimiento del trastorno tanto por parte de los profesionales como de las familias y personas allegadas al paciente.

Epílogo

¿Podemos mirar a otro lado?

- Las cifras de prevalencia de TDAH en la población reclusa son mucho mayores que en la población general. Esta diferencia es todavía más notable en la población femenina debido al infradiagnóstico que sigue habiendo en mujeres (37).
- En octubre de 2015, la Lista Mundial de Población Penitenciaria estimaba conservadoramente que hasta once millones de personas estaban detenidas en instituciones penales en todo el mundo.
- Con alrededor de una cuarta parte de los presos en todo el mundo cumpliendo con los criterios de diagnóstico para el TDAH, estimamos que 2,8 millones de presos lo tienen (38).
- Si se analizan los datos de la población reclusa afectada con TDAH, la evidencia de estudios realizados nos dice que, si se comparan los periodos en los que se tomó o no medicación, se aprecia una reducción significativa del 32 % en la tasa de criminalidad para los hombres y del 41 % para las mujeres (39).

Bibliografía

1. Song P., Zha M., Yang Q., Zhang Y., Li X., Rudan I. «The prevalence of adult attention-deficit hyperactivity disorder: A global systematic review and meta-analysis». *J. Glob Health.* 2021 Feb 11;11.

2. Chhibber A., Watanabe A. H., Chaisai C., Veettil S. K., Chaiyakunapruk N. «Global Economic Burden of Attention-Deficit/ Hyperactivity Disorder: A Systematic Review». *Pharmacoeconomics.* 2021 Apr; 39(4):399-420.

3. Amen D. G., Henderson T. A., Newberg A. «SPECT Functional Neuroimaging Distinguishes Adult Attention Deficit Hyperactivity Disorder From Healthy Controls in Big Data Imaging Cohorts». *Front Psychiatry.* 2021 Nov 24.

4. Hoogman, Martine, *et al.* «Subcortical brain volume differences in participants with attention deficit hyperactivity disorder in children and adults: a cross-sectional mega-analysis». *The Lancet Psychiatry*, vol. 4,4 (2017): 310-319.

5. Lange, K. W., Reichl, S., Lange, K. M., *et al.* «The history of attention deficit hyperactivity disorder». *ADHD Atten Def Hyp Disord* 2, 241-255 (2010).

6. Faraone S. V., Larsson H. «Genetics of attention deficit hyperactivity disorder». *Mol Psychiatry*. 2019 Apr; 24(4):562-575.

7. Arpawong, Thalida E., *et al.* «ADHD genetic burden associates with older epigenetic age: mediating roles of education, behavioral and sociodemographic factors among older adults». *Clinical Epigenetics*, vol. 15,1 67. 26 Apr 2023.

8. Franke B., Michelini G., Asherson P., *et al.* «Live fast, die young? A review on the developmental trajectories of ADHD across the lifespan». *Eur Neuropsychopharmacol*. 2018;28(10):1059-1088.

9. American Psychiatric Association. (2022). *Diagnostic and Statistical Manual of Mental Disorders*, Fifth Edition, Text Revision (DSM-5-TRTM). American Psychiatric Publishing.

10. Ramos-Quiroga J. A., Daigre C., Valero S., *et al.* «Validation of the Spanish version of the attention deficit hyperactivity disorder adult screening scale (ASRS v. 1.1): a novel scoring strategy». *Rev Neurol*. 2009;48(9):449-452.

11. Ramos-Quiroga J. A., Nasillo V., Richarte V., *et al.* «Criteria and Concurrent Validity of DIVA 2.0: A Semi-Structured Diagnostic Interview for Adult ADHD». *J Atten Disord*. 2019;23(10): 1126-1135.

12. Faraone S. V., Banaschewski T., Coghill D., *et al.* «The World Federation of ADHD International Consensus Statement: 208 Evidence-based conclusions about the disorder». *Neurosci Biobehav Rev*. 2021;128:789-818.

13. World Health Organization. *ICD-11 International Classification of Diseases*. 11th Revision.

14. World Health Organization. *World Report on Ageing and Health*. 2015.

15. Weiss M. D., McBride N. M., Craig S., Jensen P. «Conceptual review of measuring functional impairment: findings from the Weiss Functional Impairment Rating Scale». *Evid Based Ment Health*. 2018 Nov;21(4):155-164.

16. Henry Stapp. «The Copenhagen Interpretation and the Nature of Space-Time». *American Journal of Physics*, 40, 1972.

17. Albert Einstein, «On Physical Reality». *Franklin Institute Journal* 221, 1936, 349.

18. Shunryu Suzuki, *Zen Mind, Beginner's Mind*. New York, Weatherhill, 1970:13-14.

19. Kofler, Michael J., *et al.* «Working memory and information processing in ADHD: Evidence for directionality of effects». *Neuropsychology*, vol. 34,2 (2020): 127-143.

20. Groves, Nicole B., *et al.* «An Examination of Relations Among Working Memory, ADHD Symptoms, and Emotion Regulation». *Journal of Abnormal Child Psychology*, vol. 48,4 (2020): 525-537.

21. Zilles K. «Brodmann: a pioneer of human brain mapping-his impact on concepts of cortical organization». *Brain*. 2018 Nov 1;141(11):3262-3278.

22. Von Rhein, Daniel, *et al.* «Network-level assessment of reward-related activation in patients with ADHD and healthy individuals». *Human Brain Mapping*, vol. 38,5 (2017): 2359-2369.

23. Posner M. I., Petersen S. E. «The attention system of the human brain». *Annu Rev Neurosci*. 1990;13:25-42.

24. Buckner R. L. «The serendipitous discovery of the brain's default network». *Neuroimage*. 2012 Aug 15;62(2):1137-1145.

25. Theodor-Katz, Nitzan, *et al.* «Could immersive daydreaming underlie a deficit in attention? The prevalence and characteristics of maladaptive daydreaming in individuals with attention-deficit/hyperactivity disorder». *Journal of Clinical Psychology*, vol. 78,11 (2022): 2309-2328.

26. Bozhilova, Natali S., *et al.* «Mind wandering perspective on attention-deficit/hyperactivity disorder». *Neuroscience and Biobehavioral Reviews*, vol. 92 (2018): 464-476.

27. Jonkman, Lisa M., *et al.* «Mind wandering during attention performance: Effects of ADHD-inattention symptomatology, negative mood, ruminative response style and working memory capacity». *PLOS One*, vol. 12,7 24 Jul 2017.

28. Franklin, Michael S., *et al.* «Tracking Distraction». *Journal of Attention Disorders*, vol. 21,6 (2017): 475-486.

29. Andrillon, Thomas, *et al.* «Predicting lapses of attention with sleep-like slow waves». *Nature Communications*, vol. 12,1 3657. 29 Jun 2021.

30. Kutuk, Meryem Ozlem, *et al.* «Migraine and associated co-morbidities are three times more frequent in children with ADHD and their mothers». *Brain & Development*, vol. 40,10 (2018).

31. Volkow, Nora D., *et al.* «Methylphenidate decreased the amount of glucose needed by the brain to perform a cognitive task». *PLOS One*, vol. 3,4 16 Apr 2008.

32. Hart H., Radua J., Nakao T., Mataix-Cols D., Rubia K. «Meta-analysis of functional magnetic resonance imaging studies of inhibition and attention in attention-deficit/ hyperactivity disorder: exploring task-specific, stimulant medication, and age effects». *JAMA Psychiatry*. 2013 Feb;70(2):185-198.

33. Hinshaw, Stephen P., *et al*. «Annual Research Review: Attention-deficit/hyperactivity disorder in girls and women: underrepresentation, longitudinal processes, and key directions». *Journal of Child Psychology and Psychiatry, and Allied Disciplines*, vol. 63,4 (2022): 484-496.

34. Sarmiento, Luis Felipe, *et al*. «Pharmacological Modulation of Temporal Discounting: A Systematic Review». *Healthcare* (Basel, Switzerland), vol. 11,7 1046. 6 Apr 2023.

35. Karalunas S. L., Antovich D., Goh P. K., *et al*. «Longitudinal network model of the co-development of temperament, executive functioning, and psychopathology symptoms in youth with and without ADHD». *Dev Psychopathol*. 2021;33(5):1803-1820.

36. Soler-Gutiérrez A. M., Pérez-González J. C., Mayas J. «Evidence of emotion dysregulation as a core symptom of adult ADHD: A systematic review». *PLOS One*. 2023 Jan 6;18(1).

37. Young, Susan, *et al*. «Identification and treatment of offenders with attention-deficit/hyperactivity disorder in the prison population: a practical approach based upon expert consensus». *BMC Psychiatry*. 2018 Sep 4;18(1):281.

38. Freckelton I. «Trastorno por déficit de atención e hiperactividad (TDAH) y la ley penal». *Derecho Psicológico Psiquiátrico*. 2020 Jan 6;26(6):817-840.

39. González, Rafael A., *et al*. «Childhood ADHD symptoms are associated with lifetime and current illicit substance-use disorders and in-site health risk behaviors in a representative sample of Latino prison inmates». *Journal of Attention Disorders*, vol. 19,4 (2015): 301-312.